A. SAULNIER

RÉSUMÉ
DE
L'HISTOIRE ANCIENNE
DES GRECS

G. BEAUCHESNE & Cie

PARIS

RÉSUMÉ
DE L'HISTOIRE ANCIENNE
DES GRECS

DU MÊME AUTEUR

HISTOIRE

Résumé de l'Histoire des peuples de l'Orient (classes de 6e et de 2e). 1 vol. in-18 jésus, relié, 2e édit. . . . . 1 »

Résumé de l'Histoire de l'Orient et des Grecs (classes de 6e et de 2e). 1 vol. in-18 jésus, relié, 2e édit. 2 25

Résumé de l'Histoire des Romains (classes de 6e et de 1re). 1 vol. in-18 jésus, relié, 2e édit. 2 25

Le Moyen Age et le Commencement des Temps modernes (classe de 5e). 1 vol. in-12, relié 3 50

POUR PARAITRE SUCCESSIVEMENT :

L'Histoire moderne et l'Histoire contemporaine.

PIÉTÉ

Souvenirs chrétiens de l'Année, cahier avec gravures et pages blanches destiné aux enfants qui veulent conserver leurs impressions de retraite annuelle (remises par nombre), l'ex. 0 80

Souvenirs intimes de la Première Communion, cahier de retraite pour les enfants qui font leur première communion, charmante plaquette avec gravures (remises par nombre), 3e édition l'ex. 0 70

THÉATRE POUR LA JEUNESSE

Encratida, drame chrétien en 5 actes, pour jeunes filles, in-8°. . . . . 1 »

Les Brioches d'Hector, comédie en 2 actes pour jeunes gens, in-18 . . . . 1 »

Le Petit Lutin, pantomime pour jeunes gens, in-8° 1 »

ÉMILE COLIN, IMPRIMERIE DE LAGNY (S.-&-M.)

ENSEIGNEMENT SECONDAIRE

CLASSES DE SIXIÈME ET DE SECONDE **A** ET **B**

Décret et Arrêtés du 31 mai 1902

RÉSUMÉ
DE L'HISTOIRE ANCIENNE
DES GRECS

En Vingt-et-une Leçons

PAR

A. SAULNIER

PROFESSEUR D'HISTOIRE A L'ÉCOLE SAINT-JOSEPH-DES-TUILERIES

Nouvelle édition, revue et augmentée

MÉDAILLE D'HONNEUR

de la Société d'Encouragement au bien.

PARIS

LIBRAIRIE DELHOMME ET BRIGUET

GABRIEL BEAUCHESNE & Cie

ÉDITEURS

83, RUE DE RENNES, 83

1902

Dépôt à LYON, 3, avenue de l'Archevêché.

INTRODUCTION

Il nous a paru intéressant de diviser ce résumé de la curieuse et importante **Histoire des Grecs**, non pas en chapitres quelconques selon la quantité de la matière, mais en différentes leçons, dont chacune forme un ensemble et qui viennent se grouper naturellement dans les quatre âges de la vie : l'enfance, la jeunesse, la virilité et la vieillesse.

Dans la première partie, nous étudions le **berceau** de la Grèce, sa religion, sa race ; elle apprend à parler, *Infanti vagit ut ore puer*, comme dit Ovide. Cette **enfance** a duré **4 SIÈCLES** (de 1600 à 1200 av. J.-C.).

Dans la seconde, elle apprend à agir ; ses forces se développent, ses mœurs se forment sous l'impulsion de ses **deux précepteurs** Lycurgue et Solon : *Regenda est fervida adolescentia.* Cette **jeunesse** dure **7 SIÈCLES** (de 1200 à 500).

Dans la troisième partie, incontestablement la plus intéressante et la plus glorieuse, celle qui par conséquent demande une plus longue étude, nous voyons la Grèce dans toute sa vigueur. Alors apparaissent de **grands ca-**

ractères, de **beaux génies**, de **puissants artistes.** C'est l'époque de ses grandes actions, de ses beaux faits d'armes, *ætas animusque virilis*. Cette **virilité** n'a duré que 2 **SIÈCLES** de 500 à 300 (1), mais que fait à la valeur le nombre des années?

Dans la quatrième partie enfin, c'est le déclin, c'est la **vieillesse**, c'est, après les abus de ses belles années, la dissolution qui précède l'anéantissement final, conséquence inévitable de ses divisions intestines. **Tout se désagrège.** *Immodicis brevis est ætas, et rara senectus.* Cette vieillesse en effet n'a pas été longue, de 300 à 150 (2). **UN SIÈCLE ET DEMI!**

En réunissant donc les chiffres de ces siècles nous formons le nombre suivant que nous engageons les élèves à retenir afin de retrouver les dates dans leurs grandes lignes :

L'enfance : . . . . 4 siècles
La jeunesse : 7
La virilité : 2
La vieillesse : 1,1/2

Ensemble : **4721,1/2.**

Prenons un exemple : Dans quel siècle ont eu lieu les *Guerres médiques?*

Nous savons qu'elles ont terminé l'époque de la jeunesse et commencé la virilité de la Grèce.

Or, à partir de l'ère chrétienne nous avons :

1° le demi-siècle qui a précédé J.-C. . .	50 ans.
2° le temps de la vieillesse 1,1/2.	150 —
3° le temps de la virilité 2 siècles. . . .	200 —
Total.	400 ans.

(1) Nous n'indiquons que les chiffres ronds, mais nous voulons parler ici de la fatale bataille de Chéronée en 338.

(2) La date précise est 146, époque où la Grèce est réduite en province romaine.

Les Guerres médiques ont donc eu lieu de l'an 500 à 400, par conséquent au 5e siècle av. J.-C.

Nous donnons ce moyen mnémonique pour ce qu'il vaut, il n'en est pas moins vrai qu'on peut ainsi ramener un fait important de l'histoire grecque au siècle où il s'est produit, en connaissant bien les divisions principales des différents âges qui composent les quatre parties de ce *Résumé*.

A. S.

Cavaliers grecs

Soldats grecs

PROGRAMME OFFICIEL

CLASSE DE SIXIÈME

La Grèce. Troie et Mycènes, page 23. Les dieux et les héros, page 17.

Sparte et Athènes. L'éducation spartiate, p. 39-141. Les Hilotes, p. 39. Les premiers temps d'Athènes. Solon, p. 43.

Les fondations des colonies grecques, p. 27.

Guerres médiques. Marathon, p. 52. Les Thermopyles, p. 143-53. Salamine, p. 54.

La civilisation athénienne. La cité, p. 81-146. Les esclaves, p. 85. Les monuments, p. 75. Les théâtres, p. 83. Les fêtes, p. 83. Le siècle de Periclès, p. 65.

La décadence d'Athènes. Prise d'Athènes, p. 93-152. Socrate, p. 67-154.

La Macédoine. Philippe, p. 103. Alexandre, p. 111. La conquête de l'Asie, p. 112.

CLASSE DE SECONDE

La Grèce. Description des pays grecs, page 13.

Les Anciens temps. Troie et Mycènes. p. 23, les Hellènes p. 16.

Les Mythes. Les dieux. Les héros, pp. 17-21.

Sparte. Le peuple, les Hilotes, l'éducation, les rois, le sénat, les éphores, l'armée, pp. 38-141.

Les tyrans. Argos. Corinthe. Sicyone, p. 42.

Athènes. Premiers temps d'Athènes. Solon, p. 43. Pisistrate, p. 47. Clistène, p. 47. Les Archontes, p. 44. L'Aréopage, p. 44-142.

La colonisation grecque. Les colonies d'Asie, p. 28. Du Pont-Euxin, d'Afrique, de Sicile et de grande Grèce, de Gaule et d'Espagne, p. 29.

La civilisation jusqu'au cinquième siècle. Le commerce et les arts, p. 31. Les poètes, p. 32. Les sages, p. 33. La religion, p. 33. Le culte, p. 138. Les grands sanctuaires, p. 34. Les jeux, p. 35.

Les guerres médiques. L'invasion, les armées, les flottes, p. 51.

Formation de l'empire d'Athènes. La ligue athénienne, p. 61. La rupture avec Sparte, p. 62.

La démocratie athénienne, p. 81. Classes sociales, p. 85. L'éducation, p. 147. La vie privée, p. 85. Monuments, p. 75. Fêtes, p. 83. Théâtres, p. 83. Assemblée et tribunaux; orateurs. Le commerce d'Athènes, p. 84.

La guerre du Péloponèse. Prise d'Athènes, pp. 93-152.

Suprématie de Sparte. Les Trente, p. 94. Socrate, p. 67-154. Agésilas, p. 96.

Suprématie de Thèbes. Epaminondas, pp. 99-155.

Suprématie de la Macédoine. Philippe, p. 103. Alexandre, p. 112. La conquête de l'Asie, p. 113.

Fondation du royaume hellénique. Alexandrie, p. 121. Le Musée, p. 163. Les royaumes d'Asie, p. 122. La civilisation grecque en Orient, p. 127.

Dernières luttes en Grèce. Les ligues, p. 125. La conquête, p. 127.

PREMIÈRE PARTIE

ENFANCE DE LA GRÈCE

Des Temps primitifs à l'Invasion Dorienne.

TROIS LEÇONS

1° Géographie. — Division. — Temps primitifs.

2° Temps héroïques. — Les Dieux, les Héros, les Expéditions.

3° Invasion dorienne, la Colonisation, la Civilisation, le Commerce et les Arts, les Jeux.

Stade des jeux isthmiques.

ENFANCE DE LA GRÈCE

PREMIÈRE LEÇON

GÉOGRAPHIE — DIVISIONS — TEMPS PRIMITIFS

GÉOGRAPHIE ET DIVISIONS

Le nom de Grecs a été donné plus tard par les Romains aux habitants de la contrée appelée l'**Hellas.** Ceux-ci se nommaient donc les Hellènes.

Les limites de la Grèce n'étaient pas déterminées, au nord, avec précision par les Anciens.

Elle a la forme de deux massifs montagneux reliés par l'Isthme de Corinthe.

Bornée au N. par la Thrace et l'Illyrie (*Roumanie et Dalmatie*),
à l'E. par la mer Egée,
à l'O. par la mer Ionienne,
au S. par la mer de Crète.

Le plus petit pays d'Europe, couvert de montagnes, petites plaines, aucun cours d'eau navigable, et un littoral très découpé. — Température brusquement modifiée par la chaleur et le froid.

DIVISÉE EN TROIS RÉGIONS

1° **région continentale** (Hellade).

2° **région péninsulaire** (Péloponése, île de Pélops. — Morée).

3° **région des Iles**, dans les mers Egée et Ionienne.

1° RÉGION CONTINENTALE

NORD. — **Thessalie** — Larisse, Pharsale.
Epire — Dodone, Ambracie.
OUEST. — **Acarnanie** — **Etolie. Locride des Ozoles.**
EST. — **2 autres Locrides.**
SUD. { **Béotie** — Thèbes. **Attique.** — Athènes, le Pirée, Marathon. **Phocide.** — Delphes.
CENTRE. **Doride.** — La seule qui ne touche pas la mer.

LES COURS D'EAU :

L'**Acheloüs**, en Acarnanie; le **Pénée**, en Thessalie (eaux abondantes).

Le **Céphise**, en Phocide; l'**Ilissus**, en Attique (ruisseaux secs en été); l'**Achéron**, le **Cocyte**, en Epire.

MONTAGNES :

Au N. mont Olympe. — A l'E. Monts Ossa, Pélion. — Au S. Monts Æta, Othrys, Hélicon, Parnasse, Citéron, Hymette. — Au Centre, Monts du Pinde.

La Grèce était protégée au Nord par ses montagnes :
Les Monts Cambuniens.
Les défilés de Tempé. — Fraîche vallée.
Le massif de l'Æta.
Le défilé des Thermopyles.

2° RÉGION PÉNINSULAIRE

NORD. — **Achaïe** — Ægium.
OUEST. — **Elide** — Olympie, Elis.
EST. — **Argolide** — Argos, Mycène, Trezène, Corinthe.
SUD. — **Messénie** — Pylos, Messène.
CENTRE. — **Arcadie** — Mantinée, Mégalopolis (la seule qui ne touche pas la mer).

LES COURS D'EAU :

L'**Eurotas**, fleuve divin de Laconie.

L'**Alphée**, en Elide, conduits souterrains, bords enchanteurs.

Le **Styx**, en Achaïe, un des cinq fleuves de l'Enfer.

MONTAGNES :

Au Nord, Monts Erymanthe. — A l'E. Cyllène. — Au S. Taygète. — A l'O. Ithôme.

3° RÉGION DES ILES

Toutes les îles de la Grèce se rattachent au continent par des montagnes sous-marines dont les sommets émergent et forment ces Iles.

La mer se divise en { **Méditerranée occidentale.** / **Méditerranée orientale.** }

La Médit. occidentale comprend :

- **La mer Adriatique**, qui sépare l'Italie de l'Illyrie.
- **La mer Ionienne**, qui sépare la Grèce de l'Italie. Iles : Zacinthe, Céphallénie, Ithaque, Leucade, Corcyre.
- **Sur les côtes de l'Italie**, de la Gaule, de l'Espagne, les îles Sicile, Sardaigne, Corse, Baléares.

La Médit. orientale comprend :

- **Le Pont-Euxin.** — Mer Noire.
- **La Propontide.** — Mer de Marmara, sépare l'Asie-Mineure de la Thrace.
- **La mer Egée.** — Archipel dont les Iles sont en Asie-Mineure — L'Ionie — Samos. Les Cyclades : Céos, Andros, Ténos, Paros, Naxos, Delos, etc.
- Scyros (Eubée, Negrepont), Salamine, Egine, Cythère, Crète, Carpathos, Rhodes, Lesbos, Chios, Samos, Samotrace.

2° TEMPS PRIMITIFS

La race hellénique, d'origine aryenne, a peuplé la Grèce depuis des temps fort reculés, surtout en Thessalie, et s'est partagée dès le commencement en trois âges :

1° **l'âge des Pélasges,**
2° **l'âge des races étrangères,**
3° **l'âge des Hellènes.**

L'AGE DES PÉLASGES. — Ces peuples descendaient du plateau de l'Iran — origine obscure — vinrent par la Thrace et la Macédoine, — race nomade et guerrière. Ils se mêlèrent aux habitants d'alors qui n'étaient que des populations sauvages. Ils adoraient Jupiter et ont laissé des constructions attribuées aux Cyclopes.

L'AGE DES RACES ÉTRANGÈRES. — Ces peuples venus d'Égypte, de Phénicie, d'Asie-Mineure, sous la conduite des Égyptiens **Cécrops** et Danaüs, du phénicien **Cadmus** — qui fonda la Cadmée et Thèbes ; du phrygien **Pelops**, qui s'établit dans la péninsule (**Péloponèse.**)

L'AGE DES HELLÈNES — qui, vainqueurs des Pélages, se fixèrent dans la Grèce, à laquelle ils donnèrent leur nom, leur civilisation et leur langue.

Ils formèrent **quatre tribus** :

Deucalion, leur chef, eut pour fils **Hellen.**

Hellen père de
- EOLUS. — Les **Eoliens** — centre et Ouest.
- DORUS. — Les **Dorien** — Sparte.
- XUTUS. père de
  - ION. — Les **Ioniens** — Athènes.
  - ACHÉUS. — Les **Achéens** — Péloponèse.

Lecture : *Les Montagnes de la Grèce.*

DEUXIÈME LEÇON

LES TEMPS HÉROIQUES ET LÉGENDAIRES

Grâce à leur riche et poétique imagination, les Grecs nous ont laissé une foule de légendes et de fictions, auxquelles il est souvent fait allusion. L'ensemble de ces récits forme la **Mythologie** (1).

1° **LES DIEUX.**
2° **LES HÉROS.**
3° **LES EXPÉDITIONS.**

1° LES DIEUX

Les peuples de l'Orient divinisaient les objets mêmes de la nature. Les Grecs représentent la divinité sous des formes humaines, et résument leur sentiment de l'*unité divine* dans la conception de Zeus, maître souverain des dieux et des hommes.

Ils avaient 12 grands dieux qui habitaient l'Olympe : le ciel, la terre, les mers furent peuplés par leur imagination d'une foule de divinités.

1° **DIEUX DU CIEL** : (2)

ZEUS. — **Jupiter**, fils de Saturne et de Cybèle (la foudre).

HERA. — **Junon**, sœur et femme de Jupiter (paon, iris).

PHÉBUS. — **Apollon**, dieu du Soleil (char) Parnasse, les Muses.

ARÈS. — **Mars**, dieu de la Guerre (coq).

APHRODITE. — **Vénus**, femme de Vulcain (déesse de la beauté).

(1) Une étude détaillée de la mythologie grecque dépasserait les limites de ce résumé. Nous ne donnerons qu'une sèche nomenclature. L'élève pourra faire un travail personnel à l'aide du dictionnaire et des notes prises en classe.

(2) Les noms des grands dieux sont en caractères gras.

ARTÉMIS. — **Diane**, Phœbé, déesse de la Chasse (lune).

HEPHAISTOS. — **Vulcain**, dieu du feu (forges, Cyclopes).

HERMÈS. — **Mercure**, messager des dieux; commerce, vol (Caducée).

PALLAS. — **Minerve**, déesse des lettres et des arts (la chouette).

DYONYSOS-BACCHUS, dieu du vin (satyres, bacchantes).

Les petits dieux du ciel étaient :

a. EROS; CUPIDON, fils de Vénus.

b. LES MUSES : CLIO, histoire; THALIE, comédie; EUTERPE, musique; MELPOMÈNE, tragédie; THERPSICORE, danse; ERATO, élégie; URANIE, astronomie; CALLIOPE, épopée; POLYMNIE, poésie lyrique. — Leur coursier était PÉGASE.

c. — LES TROIS GRACES { AGLAÉ. THALIE. EUPHROSINE.

2° DIEUX DES ENFERS :

HADÈS. — PLUTON. Les enfers étaient gardés par CERBÈRE, chien à trois têtes. On y était conduit par CHARON,

jugé par { MINOS, EAQUE, RHADAMANTE.

envoyé { ou dans le TARTARE — les méchants, ou dans les CHAMPS-ÉLYSÉES — les bons.

PROSERPINE. — Les PARQUES. — Les FURIES.

3° DIEUX DE LA MER :

POSEIDON. — **Neptune** (trident).

AMPHITRITE, sa femme; TRITON, son frère. — Les 50 NÉRÉIDES, les SIRÈNES, les HARPIES, les OCÉANIDES.

4° DIEUX DE LA TERRE :

DÉMÉTER. — **Cérès**, déesse de l'agriculture.

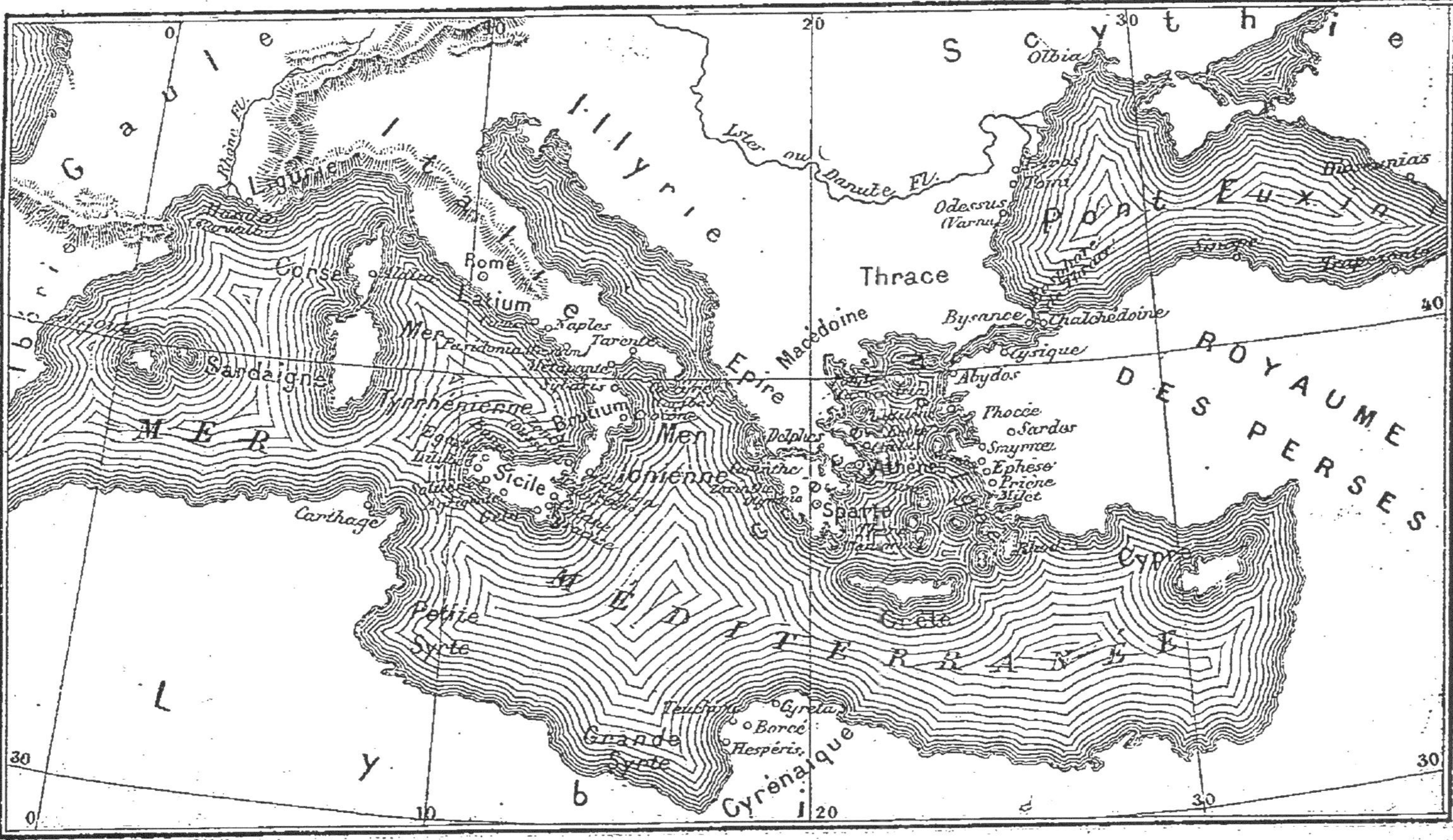

Gaule
Rhône Fl.
Ligurie
Italie
Illyrie
Ister ou Danube Fl.
Scythie
Olbia
Odessus (Varna)
Pont Euxin
Corse
Rome
Latium
Naples
Tarente
Sardaigne
Mer Tyrrhénienne
Brutium
Sicile
Carthage
Mer Ionienne
Macédoine
Epire
Thrace
Bysance
Chalchédoine
Cysique
Abydos
Phocée
Sardes
Smyrne
Ephèse
Priène
Milet
Delphes
Athènes
Sparte
ROYAUME DES PERSES
Cypre
Crète
MER MÉDITERRANÉE
Petite Syrte
Grande Syrte
Cyréna
Borcé
Hespéris
Cyrénaïque
Libye

Hestia-**Vesta** (foyer) ; Thémis (justice) ; Bellone (guerre) ; Plutus (richesse) ; Esculape (médecine).

Dieux domestiques : Lares, Pénates.

2° LES HÉROS

Les Héros étaient les plus illustres des ancêtres ; chaque cité, chaque famille avait les siens. C'étaient des personnages qui tenaient à la fois et du dieu et de l'homme.

HERCULE. — (Héraclès), homme fort, le plus célèbre des héros.

Il accomplit les douze travaux imposés par l'Oracle de Delphes pour avoir l'immortalité.

Il étouffe dans ses bras **le lion de la forêt de Nemée.**

Il tue l'**hydre** à sept têtes dans les marais **de Lerne.**

Il prend vivant le **sanglier** d'**Erymanthe.**

Il atteint la **biche** aux pieds d'airain.

Il fait passer le **fleuve Alphée** dans les **écuries** d'**Augias.**

Il fait manger **Diomède** par les **chevaux** de ce roi qui les nourrissait de chair humaine.

Il tue le **triple Géryon.**

Il enchaîne **Corbère** pour délivrer son compagnon Thésée, retenu aux enfers.

Il délivre le **lac Stymphale** des oiseaux gigantesques.

Il ravit les pommes d'or du **jardin des Hespérides,** malgré le dragon.

Il délivre les plaines de Marathon d'un taureau monstre, et fait sortir Thésée des enfers.

Il défait les **Amazones.**

Il accomplit bien d'autres actions extraordinaires et mourut sur un bûcher, au sommet de l'Æta, sans pouvoir quitter sa tunique, enduite d'une composition magique par Dejanire, sa femme jalouse. Son corps disparut au milieu des éclairs.

THÉSÉE. — Héros d'Athènes. Un monstre à tête de taureau, le **Minotaure**, vivait dans le Labyrinthe, et exigeait, tous les ans, le sacrifice de 7 garçons et de 7 filles. Grâce à un fil conducteur donné par Ariane, fille de Minos, Thésée put pénétrer en Crète, et tua le monstre. A son retour, son père Egée, désolé de ne pas le revoir, se précipita dans la mer qui porte son nom.

BELLÉROPHON. — Héros de Corinthe, tua la fameuse **Chimère**, à tête de lionne, à queue de serpent, au corps de chèvre.

PERSÉE — Héros d'Argos. Il attaqua les monstres effrayants, qui, sous le nom de **Gorgones**, changeaient en pierres tous ceux qu'elles regardaient. Il les trouva endormies et tua **Méduse**, la seule gorgone mortelle dont le sang fit naître **Pégase**. Persée devint roi de Mycènes fondée par lui.

3° LES EXPÉDITIONS

1° **LES ARGONAUTES.** — Héros grecs, qui, sur le vaisseau **Argo**, voulurent conquérir la **Toison d'or**, c'est-à-dire les richesses de la Colchide (Asie-Mineure). Conduits par Jason, les héros principaux étaient : Orphée, Thésée, Hercule, Castor, Pollux, etc. Jason prit le trésor et épousa Médée, la fille du roi.

2° **LA GUERRE DE THÈBES.** — Les deux fils d'Œdipe, roi de Thèbes, se disputent le trône. Etéocle est secouru par sept chefs, et pendant vingt ans, combat **Polynice**. Les deux frères finissent par se tuer mutuellement.

3° **LA GUERRE DE TROIE.** — Troie ou Pergame, capitale de la Troade (N.-O. de l'Asie-Mineure), avait pour **roi**

Laomédon, ennemi d'Hercule. Le héros grec s'empare de Troie, et massacre Laomédon et ses fils, excepté **Priam**, qu'il mit sur le trône de Troie.

Les Troyens et les Grecs sont plus ennemis que jamais. De plus, le fils de Priam, **Pâris**, s'en va à Sparte, enlever **Hélène**, la femme du roi **Ménélas**. La guerre est déclarée.

L'Occident, et en particulier la Grèce, se précipitent sur l'Orient pour venger l'injure faite au roi de Sparte.

Agamemnon, frère du paisible **Ménélas**, part à la tête de 100.000 hommes et 57 chefs, parmi lesquels les deux **Ajax**, **Diomède**, le sage **Nestor**, **Idoménée** de Crète, le brave **Achille**, **Patrocle** l'ami d'Achille, **Philoctète**, héritier des flèches d'Hercule, l'astucieux **Ulysse**, roi d'Ithaque, etc. Troie était défendue par les fils de Priam, le généreux Hector et Enée, fils d'Anchise.

Le poème d'Homère, l'Iliade, raconte la colère d'Achille contre **Agamemnon**, la mort glorieuse de **Patrocle**, malgré les armes invincibles de son ami, sous les coups d'Hector; Achille le venge en tuant **Hector**.

Après 10 ans de siège, les Troyens font pénétrer imprudemment dans la ville un **cheval de bois**, abandonné intentionnellement par les Grecs. Ce cheval a les flancs remplis de Grecs, qui, une fois introduits dans Troie, massacrent les chefs troyens, Priam et ses fils. **Astyanax**, fils d'Hector, est tué; **Andromaque**, femme d'Hector, devient l'esclave de Pyrrhus, fils d'Achille. **Enée** peut s'enfuir dans le Latium.

Le retour des Grecs, et surtout celui d'**Ulysse**, s'opéra au milieu de grands malheurs qui ont été chantés dans la magnifique épopée d'Homère, l'Odyssée.

TROIE ET MYCÈNES. — C'est un explorateur d'un village du Mecklembourg, M. Schliemann, né en 1822, qui nous a fait connaître, par des fouilles intéressantes, l'emplacement de quelques-unes des plus anciennes villes de la Grèce, en même temps qu'un grand nombre d'objets trouvés nous initient aux coutumes de leurs habitants.

TROIE. « La tradition des anciens plaçait Troie sur la colline la plus petite et la plus voisine de la mer; Schliemann suivit la tradition. En 1870, il commença à faire fouiller la colline d'Hissarlik, haute de 50 mètres. Elle était couverte d'un amoncellement énorme de débris accumulés pendant trente siècles... Il découvrit ainsi les ruines de six petites villes qui avaient été bâties chacune sur les décombres de la précédente. L'avant-dernière était couverte d'une couche de cendres et les briques avaient été rougies par l'incendie; on y voyait encore les murs d'une citadelle bâtie en pierre et en briques, épais de 3 à 4 mètres, avec des tours et trois portes. Schliemann déclara qu'il venait de retrouver la Troie brûlée par les Grecs.

» SEIGNOBOS. »

Quantité d'objets furent également trouvés : vases en terre cuite, haches, couteaux, poignards en bronze, chaînes et colliers d'or, pendants d'oreilles, bracelets, et de nombreux instruments en bronze. On a prétendu que cette cachette découverte renfermait le **trésor de Priam**, mais aucune inscription, aucun signe ne permettait de l'affirmer.

MYCÈNES. — Cette ville d'Agamemnon avait été habitée jusqu'au cinquième siècle avant Jésus-Christ. Son fondateur, Persée, l'avait appelée Mycènes parce qu'il l'avait bâtie, par l'ordre de l'oracle, à l'endroit même où était tombé le pommeau de son épée (μύκης).

Quand on suit la route de Corinthe à Argos, dit M. Seignobos, après avoir traversé un défilé étroit, on débouche sur la plaine d'Argolide, qui descend jusqu'à la mer. Au sortir de ce défilé, du côté de l'Est, on voit encore, sur une montagne, les restes d'une très ancienne enceinte fortifiée. Ce sont des murs faits de blocs énormes de rochers entassés les uns sur les autres sans ciment; ils sont épais de 5 mètres, et d'une hauteur qui s'élève par endroits jusqu'à six mètres; les Grecs croyaient qu'ils avaient été bâtis par des géants, les Cyclopes, et les appelaient les **Murs Cyclopéens.**

Le sommet de la montagne forme une plate-forme de 1.000 mètres de long sur 600 mètres de large, dont les côtés sont formés par des escarpements de rochers presque à pic. Le rempart suit les contours de cette plate-forme; il formait l'enceinte de la citadelle de Mycènes.

Schliemann y découvrit en 1876 plusieurs tombeaux, qui renfermaient chacun plusieurs corps encerclés avec leurs bijoux, leurs armes et leurs vêtements. L'un d'eux contenait trois squelettes de femmes avec leurs diadèmes en or. Dans les autres on trouva un grand nombre de colliers, d'épingles d'or, des vases précieux. Les hommes avaient été ensevelis avec leurs armes, épées, poignards, lances, flèches en pierre, etc. Plus tard, en 1887-88, la société archéologique y continua des fouilles dans la plaine, mit à jour plus de cinquante tombeaux qui contenaient des objets beaucoup moins riches que ceux de la ville haute.

On voit donc encore la principale porte de la citadelle, dite **Porte des Lions** (5 m. 30 de haut et 3 mètres de large). Le linteau est fait d'une pierre énorme de 5 mètres de long et surmonté de deux lions dressés contre un pilier central. C'est le plus ancien modèle de sculpture que nous possédions de l'art primitif des Grecs.

« Il y a eu là toute une civilisation florissante — la civilisation dite mycénienne — encore mal connue, mais sur laquelle la lumière se fait peu à peu. »

» Ch. NORMAND. »

Il faut citer aussi les fouilles de **Tirynthe.** Schliemann fit déblayer les ruines et trouva les fondations du **palais** des anciens princes, dont la description est tout à fait exacte dans l'**Odyssée.**

Lecture : *Les cultes locaux.*

TROISIÈME LEÇON

1° INVASION DORIENNE DANS LE PÉLOPONÈSE
2° LA COLONISATION GRECQUE
3° LA CIVILISATION

1° INVASION DORIENNE

Une des conséquences de la fameuse Guerre de Troi fut un déplacement considérable de tous les peuples d la Grèce, et ce sont ces migrations importantes des peu plades du Nord que l'on a désignées sous le nom d'INVA SION DORIENNE. Ce mouvement marque également l'origin des COLONIES grecques.

Alors commence la véritable histoire de la Grèce.

Nous avons dit que les peuples grecs étaient :
- LES EOLIEN
- LES ACHÉEN
- LES DORIEN
- LES IONIEN

Les deux premières tribus ont joué leur rôle dans l temps primitifs et légendaires. Les EOLIENS ont surtou colonisé LESBOS. — Les ACHÉENS furent refoulés sur l golfe de Corinthe.

Les deux derniers peuples vont prendre une place ca pitale, avec des caractères différents.

Les DORIENS, guerriers, sauvages, oppressifs (**plus tar à Sparte.**)

Les IONIENS, doux, marins, commerçants (**plus tard Athènes**).

1° Les **DORIENS** ne se fondirent jamais avec les peupl chez lesquels ils s'établissaient. Il en est résulté, surto avec les Ioniens, une rivalité qui se perpétuera dans tou l'histoire de la Grèce et sera même une cause de son affa blissement successif.

Le mouvement part de l'Epire. Les **Thessaliens**, q habitaient cette vaste contrée du Nord, en chassent l

Béotiens, tribu éolienne, qui s'en vont fonder la Béotie au Sud, ainsi que des colonies en Asie-Mineure.

Les **Doriens**, chassés également de Thessalie, pénètrent dans le Péloponèse, colonisent **Crète, Rhodes, Cos**, et une partie de l'Asie-Mineure (le sud du fleuve Méandre), puis fondent **Halicarnasse**.

Ils prétendaient descendre d'Hercule et avoir des droits sur le Péloponèse, enlevé injustement à ce héros par l'usurpateur Eurysthée. Ce retour des Doriens fut appelé RETOUR DES HÉRACLIDES, ou fils d'Hercule.

Les **Péloponésiens** chassés se réfugient en Attique. Les **Doriens** les y poursuivirent. Lutte entre eux et les Athéniens. Un oracle avait dit que la victoire appartiendrait à celui des deux peuples dont le roi serait tué. **CODRUS**,, roi d'Athènes, déguisé en bûcheron, se dévoue, pénètre dans le camp dorien et se fait tuer.

2° Les **IONIENS** se fixent en Attique, fondent des établissements dans les Cyclades et débarquent également en Asie-Mineure (nord du fleuve).

Tous ces bouleversements de l'intérieur avaient leur contre-coup sur les côtes et dans les îles, et par conséquent donnèrent de l'extension à une émigration importante. Les cités grecques de l'Asie-Mineure se groupèrent en associations qui, bientôt jalouses les unes des autres, entrèrent en lutte, divisèrent leurs forces et se rendirent rapidement mûres pour passer aisément plus tard sous le joug des Perses.

2° LA COLONISATION GRECQUE

Les colonies d'Asie, du Pont-Euxin, d'Afrique; de Sicile et de Grande-Grèce, de Gaule et d'Espagne.

A. — CARACTÈRE DES COLONIES GRECQUES. — L'archipel était un bassin bien délimité par la nature, mais les Hellènes étendirent plus loin le cercle de leurs relations; ils poussèrent jusqu'aux rivages les plus éloignés, surtout en Asie-Mineure. Ils y établissaient des villes et le succès de ces fondations les engagea dans d'autres entreprises.

La Grèce se contenta des avantages commerciaux sans prétendre gouverner, et toutes ces colonies, qui aspiraient à l'indépendance, ne purent jamais former un empire colonial proprement dit.

Dans les colonies, dit Curtius, le génie hellénique s'est éveillé plus tôt; la faculté d'observation a été plus diversement excitée; la culture intellectuelle s'est développée en plus de sens à la fois; les idées ont plus vite franchi le cercle étroi des besoins de chaque jour. Aussi est-ce dans les colonies qu'ont commencé à poindre les premiers germes de la science c'est là que se sont élaborées les diverses branches de l'ar grec, bien qu'il fût réservé à la mère patrie de porter à leu perfection, par un effort énergique et persistant, les ébauche de civilisation apportées des colonies...

... Il faut dire que les colonies étaient installées à de places de choix; aussi leurs produits étaient-ils de qualité su périeure. Il en résulta qu'avec le temps, si l'on voulait trouve tout ce qu'il y avait d'excellent, le meilleur blé, le plus bea bétail, les meilleurs poissons, le meilleur fromage, il falla chercher en dehors de l'Hellade proprement dite. En outre l'ampleur de l'espace dont disposaient les colons leur permit d construire des villes sur un plan régulier et des proportion plus vastes; là on fit un art de ce que, dans les métropoles, o laissait aller à l'aventure. » (*Histoire grecque.*)

Les colons grecs n'arrivaient pas un par un ou par petit bandes, ils ne s'établissaient pas au hasard, bâtissant de maisons qui, peu à peu, deviennent une ville, comme fo aujourd'hui les colons européens en Amérique. Tous l colons partaient à la fois sous un chef, et la ville nouvel se **fondait** en un seul jour. C'est que la fondation éta une cérémonie religieuse : le **fondateur** traçait une e ceinte sacrée et établissait son foyer sacré sur lequel allumait son feu sacré (1).

B. — EN ASIE. — Des Ioniens s'étaient arrêtés da les îles de Chios et de Samos pour aller ensuite s'empar

(1) Seignobos, *Hist. de la Civilisation.*

de tout le littoral entre l'Hémus et le Méandre et l'appelèrent Ionie. Ils fondent **Cyme** (Cumes) dont les habitants étaient accusés de stupidité, pour n'avoir perçu, pendant 300 ans, aucun droit sur les marchandises qui entraient dans leur port; **Phocée** fut fondée par des colons venus de Phocide en Grèce; **Ephèse** possédait le fameux temple de Diane qui passait pour une des sept merveilles du monde, et renfermait des richesses immenses; **Milet**, capitale de l'Ionie, était déjà bâtie quand les Grecs y arrivèrent. Ses habitants furent célèbres par leur mollesse et la dissolution de leurs mœurs, et ses étoffes de laine y étaient renommées surtout pour leur teinture en pourpre; Halicarnasse possédait le tombeau de Mausole; l'île de **Chio**, sur la côte de l'Ionie, dont les habitants, navigateurs avant tout, passaient pour avoir les meilleures mœurs; l'île de **Samos** très recherchée et très peuplée, à cause de la richesse de son sol, fertile en oliviers, en grenades et contenant des mines de fer et des carrières de marbre blanc.

C. — **SUR LE PONT-EUXIN** (mer Noire). — Le long de cette mer, au sud, se trouvaient des mines abondantes de cuivre, de fer et d'argent; au nord, les Scythes cultivaient le blé, à l'est se trouvaient des peuplades guerrières. C'était plus qu'il n'en fallait pour attirer les Grecs. La colonie la plus célèbre fut **Sinope** où l'on fabriquait des armes d'acier; Sinope fonda à son tour **Trébizonde** et **Cérasus** qui fournit le cerisier. Des colons grecs allèrent jusqu'au bout de la mer d'Azof fonder la ville de **Tanaïs**.

D. — **EN AFRIQUE**. — La plus grande colonie fut **Cyrène** où s'arrêtaient les caravanes pour profiter d'une grosse source qui jaillissait d'un rocher Les rois d'Egypte avaient eu à leur solde des mercenaires grecs et Amasis les avait établis à Memphis. **Barca** et **Naucratis** avaient été également fondées par des Grecs.

2.

E. — EN SICILE. — La Sicile fut regardée pendant longtemps comme un pays hanté par des monstres terribles, tels que Charibde et Scylla, et les navires s'en détournaient toujours quand une tempête y fit échouer un jour un navire grec. Bientôt des troupes de colons, venus de Chalcis et de Naxos s'y établirent et fondèrent tour à tour **Mégare**, **Syracuse**, **Gèla**, **Sélinonte**, **Agrigente** et **Messine**. La plus grande ville fut **Syracuse** qui avait deux ports dont l'un, vaste et profond, devint un des meilleurs de la Méditerranée. Les Syracusains, propriétaires riches, faisaient travailler de vastes domaines par des paysans indigènes. Après Syracuse venait **Agrigente** qui devint célèbre par sa richesse. Les Messéniens vinrent occuper la ville de Zancle qui désormais s'appela **Messine**. Les Phéniciens faisaient en Sicile un grand commerce de blés, laines, peaux et pierreries.

F. — EN GRANDE GRÈCE. — On appela de ce nom toute l'Italie méridionale, précisément à cause de l'importance de cette colonisation. Chalcis avait fondé sur la côte occidentale, au nord du golfe de Naples, la ville de **Cumes**, et plus au sud, sur le détroit de Messine, le port de refuge de **Rhégium**. Des cités marchandes couvrirent alors tout le littoral. Deux villes surtout furent célèbres : **Sybaris** et **Crotone**. « Sybaris, devenue puissante, fut à son tour la mère de vingt-cinq villes dont la plus septentrionale et non la moins célèbre fut **Posidonia**, la ville de Poseidôn (**Pœstum**). D'autres cités s'élevèrent ensuite sur le demi-cercle du golfe : **Locres**, fondée par des Locriens; **Tarente**, créée par des Laconiens et qui dut sa richesse à son bon port, à ses coquillages à pourpre, et à ses abondantes moissons; **Métaponte**, fondée par des Achéens, et bien d'autres encore. »

» Ch. Normand. »

La richesse des Sybarites et aussi leur vie efféminée sont restées proverbiales.

Crotone était renommée pour ses chevaux.

G. — EN GAULE. — Signalons surtout **Marseille** (Massalia) qui, fondée par des Phocéens, devint une ville de marins et de marchands, puis **Antibes, Nice, Agde.**

H. — EN ESPAGNE, nous trouvons **Emporia, Sagonte** et **Pyréné** (près de Port-Vendres).

3° LA CIVILISATION JUSQU'AU Ve SIÈCLE

Le Commerce et les Arts. — Les poètes. — Les Sages.
La Religion, le Culte, les grands Sanctuaires.
Les Jeux.

1° LE COMMERCE. — Jusqu'au cinquième siècle, les Grecs, après avoir forcé les Phéniciens à se retirer à l'ouest de la Méditerranée, avaient accaparé le commerce maritime depuis le Caucase jusqu'à l'Italie.

Milet fut la plus grande ville commerçante. Les marchands allaient en Egypte prendre les verres, les bijoux, les étoffes de lin, dans les colonies de la mer Noire le cuivre, le fer, les peaux, la soie, le blé, et en Italie où ils transportèrent du vin et de l'huile.

Phocée, Samos, Chalcis, Erétrie, Egine, Mégare, Corinthe, Corcyre, Syracuse, Tarente, autant de villes célèbres par leur important commerce. Tarente envoyait des blés et recevait des poteries, Corinthe fabriquait des vases, des armes, construisait des navires (les premiers navires de guerre pontés avec trois rangs de rameurs). Chalcis élevait des moutons à la laine fine et produisait par ses coquillages la teinture de pourpre.

2° LES ARTS. — Nous savons que du temps d'Homère il y avait déjà des temples, des statues et des boucliers ornés de figures. Les Grecs n'ont pas seulement copié les artistes phrygiens et lydiens, mais commencèrent à inventer, à pratiquer d'une façon personnelle les arts où plus tard ils excellèrent.

A. — LA SCULPTURE. — Les statues des premiers temps se ressemblaient toutes dans la pose : les yeux fermés, les bras collés au corps, le même sourire. A Samos on fabriqua des moules en argile dans lesquels on coulait le bronze ; à Chio, on apprit l'art de souder entre eux les métaux ; auparavant, ils étaient cloués; dans presque toutes les grandes villes du Péloponèse, il y eut des sculpteurs. On travaillait surtout des statues de dieux. C'est à Égine que l'on fit des statues d'athlètes. Presque toutes les statues de l'Acropole, découvertes en 1885, datent du sixième siècle.

« Ces statues, de marbre ou de pierre, sont peintes de couleurs éclatantes; les cheveux en rougeâtre, les sourcils en noir, les joues en rose, les broderies des vêtements en vert et en bleu, les bracelets, les diadèmes et les pendants d'oreilles en or (1). »

B. — L'ARCHITECTURE. — Presque tous les temples ont disparu, mais les quelques colonnes qui nous restent à Corinthe et à Egine, plus lourdes que celles de la grande époque, prouvent que les monuments se rapprochaient de ceux que nous admirons plus loin, et ne ressemblaient en rien aux monuments d'Asie.

C. — LA PEINTURE. — Nous n'en avons de traces que sur les statues et les différents vases, qu'on a retrouvés par milliers en Grèce et en Asie. Des scènes mythologiques, des figures et des ornements y sont dessinés.

D. — LA MUSIQUE. — Les bergers de Phrygie ont inventé la flûte. Apollon était représenté une cithare à la main. Le plus célèbre des chanteurs dont le nom est venu jusqu'à nous est **Sapho**, lesbienne célèbre par son génie poétique et ses galanteries.

3° LES POÈTES. — Ces chanteurs (en grec **aèdes**) s'en allaient à travers le pays, faisant entendre, moyen-

(1) SEIGNOBOS, *La Grèce ancienne.*

nant le secours pécuniaire qui les faisait vivre, les poèmes dont les deux plus célèbres sont l'**Iliade** qui raconte les combats d'Achille au siège de Troie et l'**Odyssée** qui redit les aventures d'Ulysse à son retour. Leur auteur, **Homère**, aurait vécu vers le neuvième siècle. Plus tard vinrent les **Rhapsodes** qui ne chantaient plus en s'accompagnant de la lyre, mais récitaient des morceaux choisis dans les mêmes poèmes.

Enfin on vit apparaître les poètes, entre autres **Callinus** d'Ephèse, qui inventa l'élégie et **Archiloque** de Paros, qui inventa l'iambe. Le plus célèbre des poètes gnostiques (ceux qui introduisirent dans leurs poèmes des sentences morales) fut **Simonide**, qui célébrait, moyennant finances, les vainqueurs dans les jeux publics.

4° **LES SAGES.** — On donna ce nom à des savants et à des philosophes qui cherchèrent à comprendre les phénomènes de la nature physique, à travers l'origine des choses, et voulaient savoir comment on doit se conduire pour être heureux. Ils résumaient leurs réflexions dans des maximes très courtes. Voici les noms et les sentences des sept sages de la Grèce : Le phénicien **Thalès** : connais-toi toi-même ; le grec **Bias** : Les méchants forment le plus grand nombre ; **Cléobule**, de Rhodes : rien n'est meilleur que la modération ; le Lacédémonien **Chilon** : Vois la fin d'une longue vie ; **Pittacus**, de Lesbos : Saisis le moment opportun ; **Périandre** : Tout est possible à l'habileté ; **Solon** : En tout considérez la fin.

5° **L'ORGANISATION RELIGIEUSE.** — La Grèce ne formait pas tout d'abord un peuple uni sous les mêmes lois, mais se composait d'une foule de petites cités ou états indépendants, rapprochés pourtant par des liens communs, en particulier :

par des souvenirs historiques — tous descendaient d'Hellen ;

par l'unité de langue, malgré les nombreux dialectes;

par la religion et les associations religieuses.

1° LES AMPHYCTIONIES

Les **Amphyctionies**, du nom d'Amphyction, fils d'Hellen, étaient une confédération religieuse de plusieurs Etats voisins, chargés de régler leurs affaires à l'amiable, et surtout de célébrer les sacrifices aux fêtes religieuses. Ces ligues s'organisaient autour d'un temple.

La plus importante et la plus célèbre des amphyctionies siégeait à **Delphes**, dont le sanctuaire était extrêmement ancien. Plus qu'ailleurs la fraternité était sincère à Delphes.

2° LES ORACLES

Les Grecs s'inquiétaient beaucoup de connaître la pensée des dieux, ils croyaient pouvoir les interroger.

Par les **Présages**, ils trouvaient la manifestation de cette pensée dans certains phénomènes de la nature, le tonnerre, les mouvements des astres; le foie et le vol des oiseaux.

Par les **Oracles**, ils avaient la réponse des dieux, grâce à l'entremise de certaines prêtresses selon certaines règles prescrites. Rien ne se faisait d'important dans la vie des familles ou des cités qu'après avoir consulté les dieux.

Le plus célèbre et le plus fréquenté des oracles fut celui de **Delphes**.

On faisait alors le sacrifice de cent bœufs. — Hécatombe.

Il y avait des milliers de **sanctuaires** ; partout où l'on croyait que le dieu se plaisait à vivre, on y construisait un temple, avec un autel, une idole en bois ou en métal, habillée de riches vêtements qu'entretenaient des serviteurs. Mais les plus célèbres furent ceux de Delphes et d'Olympie, où l'on venait de tous les pays grecs.

3° LES JEUX PUBLICS

Ces jeux étaient considérés comme des cérémonies religieuses. Quatre grands jeux :

1° **PYTHIQUES**, en l'honneur d'**Apollon**, tous les 4 ans, à Delphes. Prix une couronne de laurier.

2° **ISTHMIQUES**, en l'honneur de **Neptune**, tous les 4 ans, dans l'Isthme de Corinthe. Prix : une couronne d'ache sèche.

3° **NÉMÉENS**, en l'honneur d'**Hercule**, tous les 2 ans, dans les plaines de Némée. Prix : une couronne d'ache verte.

4° **OLYMPIQUES**, en l'honneur de **Jupiter Olympien**, tous les 4 ans, duraient 5 jours à Olympie. Prix : couronne d'olivier sauvage.

Ces derniers, attribués à Hercule, réglèrent la chronologie. A partir de 776 avant J.-C., ils devinrent réguliers, et l'espace de temps (4 années) écoulé entre chaque célébration des jeux s'appelait **Olympiade**.

Les jeux et les vainqueurs étaient chantés par les Poètes (Odes de Pindare).

Pendant les cinq jours, les athlètes se livraient à différents combats.

1° La **Lutte** — athlètes nus et frottés d'huile.

2° Le **Pugilat** — aux mains des gants garnis de plomb.

3° Le **Pancrace** — lutte et pugilat.

4° Le **Disque** — à qui lancerait le plus loin un palet très pesant.

5° **Les courses** { à pied, à cheval, en char } dans l'arène appelée **Stade.**

Ces jeux faisaient partie de l'éducation des Grecs et les rendaient vigoureux, tout en excitant l'amour de la gloire. Tout pour l'honneur et non pour le gain. Le prix était une simple couronne, mais le vainqueur, proclamé devant l'assemblée nationale, était reçu triomphalement dans son pays.

Lecture : *L'oracle de Delphes.*

Le Parnasse et Delphes.

SECONDE PARTIE

JEUNESSE DE LA GRÈCE

Du dixième au cinquième siècle.
De l'Invasion Dorienne aux Guerres médiques.

DEUX LEÇONS

1° La race dorienne. — Sparte et sa Constitution. — Lycurgue.
2° La race ionienne. — Athènes et sa Constitution. — Solon, les Pisistratides. Clisthène.

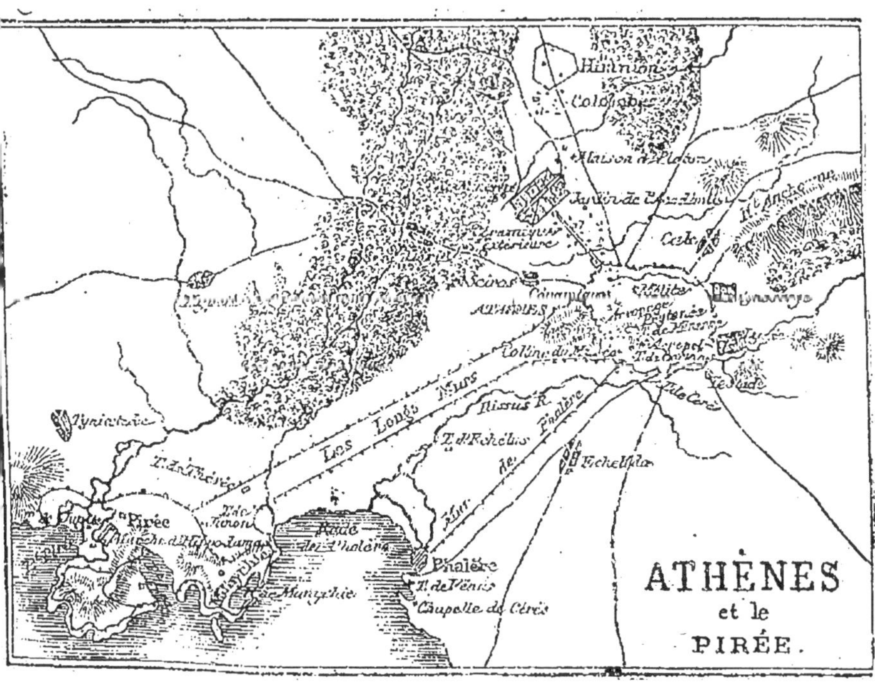

ATHÈNES
et le
PIRÉE.

JEUNESSE DE LA GRÈCE

QUATRIÈME LEÇON

LA RACE DORIENNE
SPARTE ET SA CONSTITUTION — LYCURGUE
(IXᵉ SIÈCLE AVANT J.-C.)

1° **AVANT LYCURGUE.**
2° **ŒUVRE DE LYCURGUE.**
3° **APRÈS LYCURGUE — Guerres de Messénie.** { 1re **743-723** / 2e **685-668**

1° AVANT LYCURGUE

SPARTE OU LACÉDÉMONE — (un roi aurait mari sa fille Sparte à Lacédémon, fils de Jupiter) — était capital de la Laconie, pays d'une étendue peu supérieure a département de la Seine.

La **LACONIE** est une vallée charmante, au sol acc denté, enfermée par des montagnes (Le Parnon 2.000 m le Taygète 2.400 m.), traversée par le fleuve EUROTAS.

Quand les Doriens l'envahirent, deux dynasties r gnaient en même temps à Sparte : les **Agides** et le **Proclides**. (Agis et Proclès, rois.)

Les Doriens vainqueurs s'appelèrent les **Spartiates.**

Les anciens habitants : **Laconiens, Lacédémonien Perièques,** — autour de Sparte, dans les montagnes.

Les révoltés contre les Spartiates furent les **Hilotes** (habitants d'Hélos), (esclaves, pauvres).

Avant Lycurgue, il n'y avait que troubles, luttes et anarchies entre ces peuples. Les pauvres Hilotes étaient maltraités ; mais, comme ils étaient nombreux, 200.000 contre 30.000 Spartiates, ils devenaient une menace terrible. **Lycurgue** parut.

2° LYCURGUE

Descendant de Proclès, fut tuteur du roi, son neveu. Un parti s'étant formé contre lui, il se mit à voyager en Ionie, en Crète, en Egypte afin d'étudier les lois des étrangers. Il revint après 18 ans, désigné par l'oracle de Delphes, au moment où sa patrie était déchirée par les troubles.

Il donna sa puissante législation et on dit qu'il finit par s'exiler et par mourir de faim dans une île.

1° Lois politiques ;
2° Lois militaires ;
3° Lois civiles ;
4° Lois privées.

1° **LOIS POLITIQUES.** — Avant Lycurgue, deux rois régnaient en même temps à Sparte. Le législateur conserva ces deux familles royales, bien qu'elles ne fussent pas d'origine dorienne, mais leur autorité fut considérablement restreinte par la création du Sénat (Gérousia), — 30 membres âgés de soixante ans au moins et élus à vie — (**Eupatrides** ou chefs de familles).

Les rois conservaient les fonctions sacerdotales et le commandement des armées, mais le Sénat acceptait ou rejetait les mesures que l'on proposait.

L'**Assemblée publique**, formée des Spartiates seuls, statuait tous les mois.

Les cinq **Ephores** (magistrats) étaient élus par le

peuple tous les ans, et choisis dans tous les rangs. Ce fu un élément démocratique contre l'aristocratie et l royauté. Les éphores étaient chargés de surveiller tou les autres pouvoirs, même les rois.

2° **LOIS MILITAIRES.** — Le Spartiate était avant tou soldat : **Vaincre ou mourir! jamais la fuite!... Re viens dessus ou dessous**, c'est-à-dire : Tue ou so tué! disait un jour une mère à son fils en lui remettan son bouclier.

De vingt à soixante ans, le Spartiate pouvait être appe sous les armes.

Lycurgue imposa une discipline rigoureuse et soum les Spartiates, pendant la paix, à un entraînement régu lier par des marches et des manœuvres continuelles. combattit énergiquement le luxe et la mollesse.

3° **LOIS CIVILES.** — Les terres furent partagées, l plus fertiles en 9,000 lots distribués aux Spartiates, l plus mauvaises en 30,000 lots aux Laconiens. Défen absolue de vendre ces lots. Les fils aînés héritaient; l cadets tombaient à la condition d'**Inférieurs** ou **P rièques**.

La seule monnaie autorisée était de fer, lourde et e combrante. Aucun luxe, ni dans le costume, ni da l'ameublement. Les repas en commun par groupes 15 personnes ; les rois eux-mêmes s'y soumettaie Ceux qui ne pouvaient pas payer leur quote-part repas devenaient inférieurs.

Sparte n'a produit aucun grand artiste, aucun écrivai ni laissé aucun monument. Leur seul art national était guerre.

4° **LOIS PRIVÉES.** — Les enfants, aussitôt n étaient la propriété de l'État. Des lois spéciales réglaie leur éducation :

Les jeunes filles étaient soumises à un régime éga

ment dur. Elles s'exerçaient à la lutte, à la course et ne pouvaient se marier avant l'âge de vingt ans.

3° APRÈS LYCURGUE

GUERRES DE MESSÉNIE. — Les Doriens se rangeaient sous trois groupes dans le Péloponèse : La **Messénie**, l'**Argolide**, la **Laconie.**

Argos avait été le plus puissant : Sicyone, Trezène, Epidaure.

Les Spartiates lui font perdre cette suprématie ; puis sous des prétextes futiles, s'attaquent aux **Messéniens**, dont le pays était florissant, et leur font deux guerres successives.

La première dura 20 ans (743-723), avec **Aristodème** pour héros messénien.

La seconde dura 17 ans avec **Aristomène**, — 685-668.

ARISTODÈME avait immolé sa fille, croyant sauver sa patrie, sur la réponse de l'oracle. Il se tua ensuite sur la tombe de sa fille, battu par les Spartiates qui s'emparent du mont Ithôme.

Les Messéniens sont condamnés à donner la moitié de leurs récoltes.

ARISTOMÈNE soulève une seconde fois les Messéniens, qui battent les Spartiates Ceux-ci demandent un général aux Athéniens, qui leur envoient **Tyrtée.** Par ses chants, le poète réveille le courage national.

Aristomène, battu par son allié Aristocrate, roi d'Arcadie et jeté dans un précipice, d'où il s'échappe pour s'en aller mourir à Rhodes.

La Messénie est conquise et les habitants traités avec rigueur.

Sparte, qui achevait de conquérir la Laconie jusqu'à la mer, est maîtresse du Peloponèse.

ATHÈNES seule pouvait lui tenir tête.

LES TYRANS

ARGOS, CORINTHE, SICYONE

ARGOS, qui avait été jadis une des premières villes du Péloponèse, était située sur un rocher, au milieu de la plaine d'Argolide, à quelque distance de la mer. Agamemnon y avait régné pendant la guerre de Troie, mais sa postérité en avait été chassée par les Héraclides, descendants d'Hercule.

Un de ces Héraclides, **Phidon**, devenu roi, se conduisit en véritable tyran, ne ménageant aucune persécution contre ceux qui lui résistaient et surtout contre les peuples voisins qui refusaient d'entrer dans l'allianc d'Argos contre Sparte.

Phidon est également célèbre pour avoir réglé, dit-on les mesures et les poids et adopté l'usage des pièce d'argent. Jusque-là on se servait, en guise de monnaie d'un certain nombre de têtes de bœufs. La première fabrique de monnaie, en Grèce, fut établie dans l'îl d'Egine, possession d'Argos.

CORINTHE qui, dans les beaux jours de la Grèce, devait devenir, après Athènes, la ville la plus riche et l plus commerçante était bâtie au pied d'un énorme rocher, sur l'isthme de ce nom, entre la mer Egée et l golfe de Corinthe, et possédait un port sur chacune de ce deux mers. Les Corinthiens obéissaient au septièm siècle à des tyrans dont les deux plus célèbres furen **Gypsélos** et **Périandre**, son fils.

Gypselos (dont le nom signifie **Corbeille**) avait ét en effet caché dans une corbeille par sa mère qui voula ainsi le soustraire aux recherches des Bacchiades, famill régnante alors à Corinthe, que Gypsélos devait plus tar expulser, pour exercer à leur place l'autorité souverain qu'il garda pendant trente ans avec assez de modératio

Son fils **Périandre** fut compté parmi les sept sages d

la Grèce et devint un des souverains les plus puissants de son temps. Fut-il cruel, ne le fut-il pas? Il y a doute sur ce point; cependant il a laissé une réputation plutôt mauvaise, car il est accusé d'avoir fait tuer les personnages les plus illustres de la ville et d'avoir tué sa femme Melissa dans un accès de colère. Il fut malgré tout le protecteur des lettres et des artistes. Son neveu Psametik lui avait succédé; il fut massacré par les Corinthiens, qui recouvrèrent ainsi la liberté.

SYCIONE. — A quelque distance de Corinthe, se trouvait le plus ancien empire de la Grèce, la Sycionie, conquis par les Héraclides. La capitale Sicyone fut gouvernée par Orthagoras puis par Clisthène, célèbre par sa hanie contre Argos et par sa fabuleuse richesse. C'est dans cette ville que naquirent Polyclète, Lysippe, Pausias et Aratus, que nous rencontrerons plus tard dans l'histoire.

Lecture : *L'éducation spartiate.*

CINQUIÈME LEÇON

LA RACE IONIENNE — ATHÈNES — SOLON (595-559)

1° AVANT SOLON

1° **AVANT SOLON**	royauté — **CODRUS**	
	archontat — **DRACON**	
2° **SOLON**	sa vie	
	sa législation	
3° **APRÈS SOLON**	Les Pisistratides	**PISISTRATE**
		HIPPARQUE
		HIPPIAS
	CLISTHÈNE — Ostracisme.	

ATHÈNES. — On attribue sa fondation à l'Egyptien Cécrops, vers 1640.

C'est dans la vallée la plus large et la plus fertile de l'Attique, dans la vallée du Céphise que s'éleva Athènes. L'emplacement était heureux de tous points. La vallée, sans être inaccessible, peut être facilement défendue, au nord, par les escarpements du Parnès, au nord-est par le Pentelique, à l'est par l'Hymette, aux herbes parfumées. Elle descend d'une pente douce vers la mer, qui lui apporte, en été, la fraîcheur, en hiver, une température tiède et caressante. Au milieu de la plaine, et au-dessus d'un groupe de collines, se détache un rocher énorme, taillé à pic de tous côtés, sauf à l'ouest, mais assez large à sa partie supérieure pour y bâtir des sanctuaires et une forteresse. C'est sur ce rocher que se dressa l'ACROPOLE, et c'est au pied de l'Acropole, dans la plaine, que s'entassèrent les maisons de la ville.

Les avantages de cette position étaient grands, mais elle en avait un qui les surpassait tous : à sept kilomètres de là, sur une plage basse et plate, un bloc de rochers s'avançait en saillie dans la mer, et y formait plusieurs ports naturels dont le plus considérable et le plus célèbre fut le port du Pirée.

CH. NORMAND.

1° **ROYAUTÉ**. — Le roi Thésée établit les PANATHÉNÉES (1), et fonda la royauté qui fut le gouvernement d'Athènes pendant plusieurs générations. Ses successeurs eurent à lutter contre les EUPATRIDES ou chefs des grandes familles, issues du sang royal et remplissant les fonctions sacerdotales. Le dernier roi fut *Codrus*, dont nous avons rappelé le dévouement. Les Eupatrides l'emportèrent et remplacèrent la royauté héréditaire par l'archontat.

2° **L'ARCHONTAT**, magistrature **à vie** qui devint plus tard **décennale**, puis **annuelle**.

Parmi les *neuf* archontes se trouvent l'ÉPONYME, justice civile ; le ROI, chef religieux ; le POLÉMARQUE, chef militaire ; les six autres sont THESMOTHÈTES ou législateurs.

Parmi les EUPATRIDES se recrute l'**ARÉOPAGE** (Arès, Mars ; Pagos, colline), parce que les premiers aréopagites se réunissaient sur la colline de Mars. C'étaient d'anciens archontes formant un tribunal suprême,

(1) Voir 12e leçon.

chargé de surveiller les mœurs, l'éducation, la religion, la politique et la justice.

Les Eupatrides sont les propriétaires du sol et oppriment les **thètes** (classe pauvre). Ces derniers réclament une législation écrite que l'archonte *Dracon* est chargé de rédiger. La sévérité de ces lois est proverbiale : il punit de mort les moindres délits. Les discordes intimes continuent. On fait appel à la sagesse de Solon pour rétablir l'ordre et réformer les lois.

2° SOLON

1° **SA VIE.** — Solon naquit à **Salamine** vers 640, de la famille royale de Codrus. Il se livra d'abord au commerce pour rétablir sa fortune que son père avait dissipée. Il revint de longs voyages en Grèce, en Asie-Mineure et en Égypte, riche et instruit. Sa science le fit regarder comme le premier des *sept* sages de la Grèce ; sa sentence favorite était : En tout considérez la fin.

Les Athéniens, pendant leurs discordes, avaient perdu l'île de Salamine, et avaient même défendu sous peine de mort de songer à la reprendre aux Mégariens. Solon, indigné, simule la folie, puis, brusquement, la tête couverte comme un malade, les yeux égarés, il court sur la place publique, assemble le peuple, enflamme son enthousiasme par de beaux vers, et fait ainsi décider une expédition pour reprendre **Salamine**. On le met à la tête de l'armée, et, pour le remercier de son succès, on le fait archonte en 595, avec pleins pouvoirs pour réformer la législation.

Fatigué, il s'éloigne bientôt d'Athènes, après avoir fait promettre au peuple, au Sénat et aux Archontes de garder ses lois pendant dix ans, et il reprit ses voyages. Mais l'ambition de **Pisistrate**, qui avait jeté le trouble dans Athènes, le force à revenir, et comme il n'était pas écouté, Solon s'exila. Il est probable qu'il s'en alla mourir en Chypre en 559.

3.

2° **SA LÉGISLATION.** — *Ses lois sociales* eurent pour but de réconcilier les classes élevées ou Eupatrides avec les pauvres, en permettant à tous les citoyens qui n'avaient pas été frappés de peines infamantes, de délibérer et de voter.

Avant lui, les nobles étaient **tout**, les autres **rien**. Solon voulut que les uns et les autres fussent **quelque chose.**

Ses lois politiques consistèrent :

1° A garder l'archontat qui avait remplacé la royauté après Codrus, à conserver également l'ARÉOPAGE ;

2° A garder l'assemblée du peuple, qui ne pouvait cependant délibérer que sur les propositions soumises par le Sénat. Ce vote devait être sanctionné par les archontes ;

3° A créer le *Sénat* ou Conseil des 400 citoyens tirés au sort dans les trois premières classes, chargés d'administrer l'État, de gérer les finances et de préparer les lois ;

4° A partager les citoyens en quatre classes, d'après les revenus. La dernière classe ne pouvait fournir ni soldats ni magistrats.

COMPARAISON ENTRE LES LÉGISLATIONS

DE SPARTE	D'ATHÈNES
A. La **LACONIE, pays riche**, pouvait nourrir deux fois plus d'habitants.	A. L'**ATTIQUE** n'avait qu'un **terrain maigre**, à peine suffisant pour nourrir ses habitants.
B. Les Spartiates étaient surtout occupés à combattre les Hilotes et les Laconiens.	B. Solon tourna surtout les Athéniens du côté du commerce, de l'industrie, et favorisa la petite culture.
C. Le travail était proscrit pour les Doriens et l'oisiveté devenait vertu sociale.	C. Le travail était obligatoire pour les Ioniens et l'oisiveté punie.

D. **Lycurgue** brisa les liens de la famille. Tout pour et par l'État.	D. **Solon** protégea les devoirs imposés aux pères et aux fils par la nature.
E. L'assemblée du peuple votait par **oui** et par **non**, sans délibérer.	E. L'assemblée du peuple délibérait avant de voter.
F. Le vote du peuple pouvait être cassé. Législation **plus dure et plus militaire**.	F. Le vote du peuple était sans appel. Législation **plus humaine et plus douce**.

Malgré cela, les réformes de Solon ne pacifièrent pas l'État. Elles ne devaient porter tous leurs fruits que plus tard. — Les plus riches familles d'Athènes comme les Alcméonides, la maison de Pisistrate, alliées avec les dynasties princières du dehors, ne se soumirent pas à la justice commune et cherchèrent à se faire des partisans.

3° APRÈS SOLON

PISISTRATE, parent de Solon, usurpe la tyrannie. Il s'était concilié la sympathie des gens du peuple. Il prend le gouvernement d'Athènes et dirige les affaires avec intelligence et douceur, il mourut après avoir beaucoup fait pour cette ville, 527. Ses fils, **HIPPIAS** et **HIPPARQUE**, lui succèdent sans difficulté ; mais, deux jeunes gens, Harmodius et Aristogiton, sous prétexte de venger des injures personnelles, complotent entre eux. Hipparque est tué, et bientôt après, Hippias, devenu cruel, chassé d'Athènes par les Spartiates révoltés, se retire chez le roi de Perse Darius.

CLISTHÈNE, chef d'une famille puissante d'Athènes, est nommé archonte, modifie la constitution de Solon dans un sens plus démocratique, crée des généraux nommés par le peuple et appelés **stratèges**, et établit l'**ostracisme**, c'est-à-dire le droit pour le peuple d'exiler pour dix ans tout citoyen dont l'influence devenait inquiétante pour la paix de l'État. On inscrivait le nom de l'inculpé sur une coquille (ostracon), d'où le nom d'ostracisme.

Lecture : *L'Aréopage*.

PLAN DES THERMOPYLES.

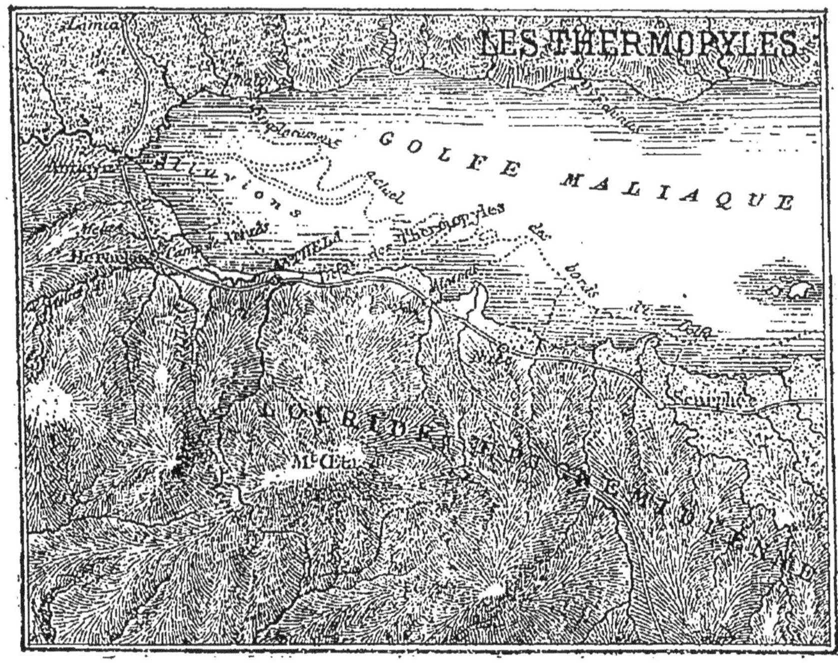

TROISIÈME PARTIE

VIRILITÉ DE LA GRÈCE

Du Cinquième au Deuxième Siècle.
Depuis les Guerres Médiques jusqu'à Alexandre de Macédoine.

DOUZE LEÇONS

1° Les guerres médiques. — Marathon, Salamine, Platées.

2° Les hommes de la Grèce.

3° Suprématie d'Athènes. — Périclès.

4° Le siècle de Périclès. — Mouvement intellectuel.

5° Le siècle de Périclès. — Mouvement artistique, caractères généraux.

6° Le siècle de Périclès. — Mouvement artistique. — Les arts.

7° Le siècle de Périclès. — La vie publique et privée d'un citoyen.

8° La guerre du Péloponèse. — Les hommes et les faits.

9° Suprématie de Sparte. — Retraite des Dix Mille.

10° Suprématie de Thèbes. — Pélopidas et Épaminondas.

11° La Macédoine. — Philippe.

12° La Macédoine. — Philippe et Démosthènes. — Chéronée.

CARTE DE L'ATTIQUE

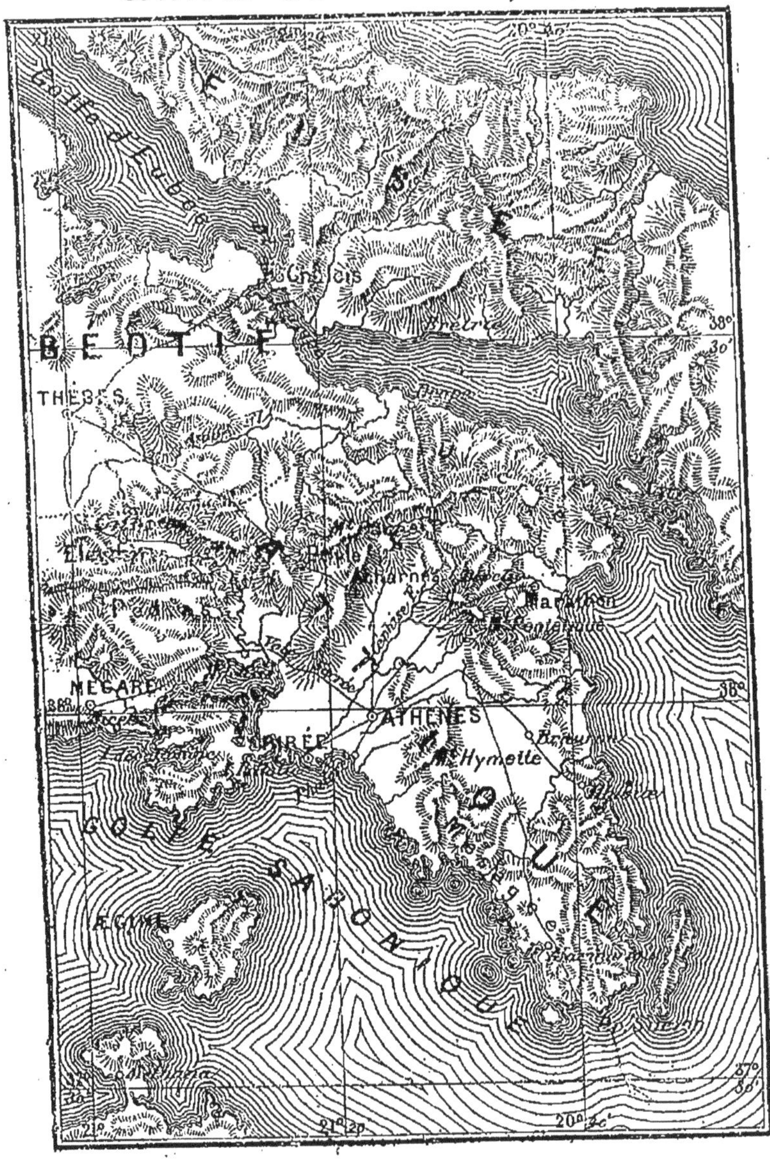

VIRILITÉ DE LA GRÈCE

SIXIÈME LEÇON

LES GUERRES MÉDIQUES (500-449)

MARATHON — SALAMINE — PLATÉES
PAIX DE CIMON

On appelle ainsi les guerres faites par les **GRECS** pour défendre leur *indépendance*, contre les **PERSES**, qui avaient soumis les colonies grecques d'Asie et qui commençaient à envahir l'Europe.

Les Perses étaient connus par les Grecs sous le nom de **MÈDES**

Elles durèrent un demi-siècle.

1° **LA CAUSE** en fut l'agrandissement démesuré de l'empire perse. Le roi Darius, vaincu dans la Scythie d'Europe, avait fait la conquête de la Thrace. La Perse ne pouvait plus s'agrandir que du côté de la Grèce. La lutte devenait inévitable.

De plus, Hippias, réfugié chez les Perses, excitait ceux-ci contre sa propre patrie, Athènes.

2° **L'OCCASION** fut la **révolte de l'Ionie** contre Darius.

Aristagoras, tyran de Milet, donne le signal de l'insurrection et demande secours aux Grecs.

Les Spartiates refusent de l'aider.

Les Athéniens, mécontents de Darius, qui avait reçu

Hippias, expulsé d'Athènes, envoient 20 vaisseaux au secours de l'Ionie.

Milet est réduite en cendres par les Perses qui en pillent le temple et égorgent les habitants. Les enfants sont déportés.

L'histoire de l'Ionie prend fin pour toujours.

3° **LES FAITS. — 2 périodes.**

1° LES PERSES ATTAQUENT LES GRECS, 500-480.

2° LES GRECS ATTAQUENT LES PERSES, 480-469.

4° **RÉSULTATS :** Victoire complète des Grecs, grâce à leur discipline.

2° Les Grecs sont forcés de s'unir et de donner la Suprématie à Athènes.

3° L'orgueil du puissant roi de Perse humilié.

PREMIÈRE PÉRIODE. 500-480.

Les Perses attaquent les Grecs.

a. **MONT ATHOS.** — Darius avait juré de se venger des Athéniens après l'incendie de Sardes. Il envoie son gendre **Mardonius** demander aux Grecs la terre et l'eau, c'est-à-dire leur soumission, mais sa flotte est complètement brisée par une tempête au **Mont Athos,** roc gigantesque qui s'élève à 2.000 mètres au-dessus de la mer. Mardonius rentre en Asie.

b. **MARATHON.** — Deux généraux de Darius, **Datis** et **Artapherne**, organisent une seconde expédition, guidés par le traître Hippias. Ils font débarquer une flotte de 110.000 hommes dans les plaines de **Marathon**, indiquées par Hippias. Les Athéniens n'étaient que 11.000, commandés par **MILTIADE** et **ARISTIDE**.

« Les Perses avaient des arcs, de courts javelots, une tunique à manches, un simple turban sur la tête, une cuirasse et un bouclier d'osier. Les Grecs portaient la cuirasse, le casque et un large bouclier métallique qui couvrait tout le corps ; leurs jambes étaient aussi protégées par une armure. » — AMMANN.

Les Perses, perdirent 6.400 hommes, les Athéniens 192. Le surlendemain du combat, les Spartiates arrivèrent et rendirent hommage aux vainqueurs.

La Bataille d'après Hérodote : Les Athéniens se rangèrent en bataille dans l'ordre suivant : Callimaque se mit à la tête de l'aile droite. Les Platéens étaient les derniers et à l'aile gauche. Suivant cet ordre de bataille, le front de l'armée athénienne se trouvait égal à celui des Mèdes. Il n'y avait au centre qu'un petit nombre de troupes, mais les deux ailes étaient nombreuses et fortes. Un intervalle de 8 stades (1 kil. 1/2) séparait les deux armées. Au premier signal, les Athéniens franchirent en courant cet espace. Les Perses, les voyant accourir, se disposèrent à les recevoir... Ils les prirent pour des insensés qui couraient à une mort certaine... la bataille dura longtemps. Les Barbares (Perses) furent vainqueurs au centre et y enfoncèrent les Athéniens... mais ceux-ci et les Platéens remportèrent la victoire aux deux ailes, et laissant fuir les barbares, réunirent en un seul corps l'une et l'autre aile, prirent à travers les Perses qui avaient rompu le centre de leur armée et les battirent.

c. **LES THERMOPYLES** (1). — **Xerxès**, successeur de son père Darius, résolut de se venger et pendant huit ans prépara une expédition contre les Grecs.

L'Athénien **Thémistocle** devina ces projets et décida son pays à résister en faisant d'Athènes une ville maritime. Il créa pour cela le port (Le Pirée). **Aristide** qui gênait Thémistocle, son rival, fut exilé.

Xerxès ayant donc rassemblé une flotte de 2 millions

(1) Les Thermopyles étaient un défilé étroit, élargi depuis, entre l'Œta et le golfe maliaque, la seule route qui y conduisait de Thessalie en Grèce. Son nom, *Portes chaudes*, vient de ce qu'au pied de la montagne se trouvaient des sources d'eaux chaudes.

d'hommes et de 1.200 vaisseaux (Phéniciens, Syriens, Égyptiens, Cypriotes) franchit l'Hellespont sur un pont de bateaux, soumet facilement la Macédoine et la Thessalie et arrive aux **Thermopyles**.

Les Béotiens, Locriens, Argiens, effrayés de cette formidable armée et sympathiques aux Perses, se soumettent.

Seuls les **Grecs** (Athéniens et Spartiates réunis) **résistent.**

Les **ATHÉNIENS**, commandés par **THÉMISTOCLE**, les **SPARTIATES** par **LÉONIDAS**.

Le Spartiate **Léonidas se dévoua** avec 300 compatriotes qui y moururent en combattant, pour retarder la marche de Xerxès et pendant ce temps, Thémistocle conduisait sa flotte dans les eaux de **Salamine**. Xerxès parvint à Athènes qu'il pilla et **incendia** complètement, et, grâce aux ardentes paroles de Thémistocle, une grande bataille fut décidée. Il fallait vaincre ou mourir !

d. **SALAMINE. 480.** — « Pendant que tous les vaisseaux grecs se concentraient à Salamine, sous les ordres du Spartiate Eurybiade, le désordre se mit parmi les généraux grecs. Eurybiade voulait qu'on allât protéger le Péloponèse ; Thémistocle soutenait que l'on ne pourrait jamais trouver un endroit plus favorable pour une bataille navale. La dispute s'échauffa, et Eurybiade alla jusqu'à lever sa canne sur Thémistocle, comme pour le frapper. **Frappe, mais écoute**, lui dit l'Athénien, sans s'émouvoir ; et il continua à développer ses raisons qui furent adoptées.

Cependant, craignant la division, Thémistocle fit avertir secrètement Xercès que les Grecs allaient lui échapper, s'il ne se hâtait de les attaquer pendant que leurs vaisseaux étaient réunis. Le présomptueux monarque donne dans le piège : la bataille s'engagea, et la flotte des Perses, composée de 1.200 vaisseaux, mais qui avait déjà subi de grandes pertes à la bataille d'*Artemise*, fut presque entièrement détruite par celle des Grecs. » M. GIRARD.

La défaite des Perses fut lamentable. Xerxès avait perdu 200 vaisseaux et s'enfuit comme il put à Sardes en laissant sur son chemin le reste de ses soldats malades ou exténués par la famine.

e. **PLATÉES.** — Il ne restait plus en Grèce qu'un autre corps de troupes perses, 300.000 hommes sous les ordres de Mardonius qui allèrent une seconde fois à Athènes pour finir de la piller et de l'incendier.

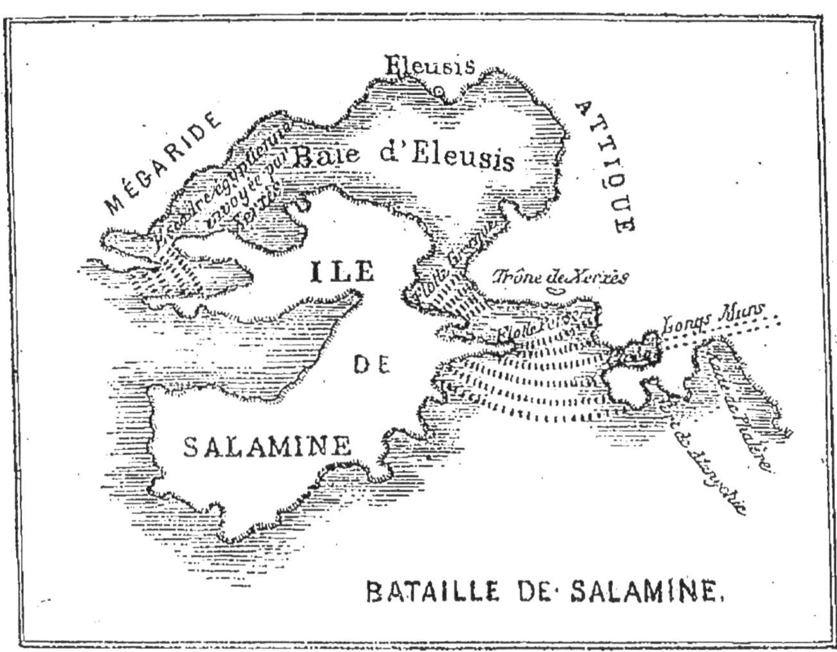

BATAILLE DE SALAMINE.

Le Spartiate **Pausanias**, neveu de Léonidas les défit à **Platées** en Béotie, avec l'aide d'Aristide. Mardonius y fut tué, et les Thébains qui s'étaient alliés aux Perses furent poursuivis par Pausanias. Celui-ci fit mettre à mort tous les chefs ennemis.

Les Perses, sauvés de la bataille de Salamine, furent anéantis définitivement à **MYCALE** (cap de l'Asie-Mineure) par l'Athénien **Xantippe**, père de Périclès (479).

DEUXIÈME PÉRIODE. 480-469.

Les Grecs attaquent les Perses.

a. **SPARTE**, humiliée de la trahison de son roi Pausanias qui fut condamné à mort pour avoir livré sa patrie à Xerxès, **se retire**.

b. **ATHÈNES seule** attaque l'empire des Perses. Cette ville venait d'être relevée de ses ruines par Thémistocle qui reconstruisit le port du **Pirée**. Périclès, de son côté, avait commencé les **Longs murs** qui devaient unir les ports du Pirée et de Phalène à Athènes.

c. **CIMON**, fils de Miltiade, prend la place de Thémistocle, coule tous les vaisseaux perses près de l'embouchure de l'Eurymédon. Cependant, il reste exilé pendant huit ans pour avoir fait l'éloge des Spartiates, toujours jaloux des Athéniens. Rappelé par le peuple, **Cimon** attaque de nouveau les Perses, mais il meurt en assiégeant **Citium**, laissant à son lieutenant Cellias le soin de signer le

d. **TRAITÉ DE CITIUM**, honteux pour les Perses.

Cette **paix cimonique**, signée par **Artaxerxès Longuemain**, reconnaît l'indépendance de toutes les cités grecques de l'Asie; laisse maîtresse de la mer la flotte athénienne et met fin aux guerres médiques.

Lecture : *Combat des Thermopyles.*

SEPTIÈME LEÇON

LES HOMMES DE LA GRÈCE

PENDANT LES GUERRES MÉDIQUES (1)

a. **MILTIADE**, né à Athènes, au cinquième siècle, ancien tyran de la Chersonèse de Thrace au temps des Pisistratides, avait déjà conquis pour sa patrie l'île de Lemnos et les Cyclades.

(1) Dans notre 6e leçon, nous avons voulu résumer les guerres médiques dans leur ensemble. Il eût été trop long de donner des détails sur la vie des principaux personnages que nous y rencontrions. Et cependant, l'importance de leur rôle demande que nous nous arrêtions un peu sur leur vie; il nous a donc paru nécessaire d'en faire le sujet d'une leçon spéciale.

Le roi de Perse qui transportait une armée d'Asie en Europe avait résolu de porter la guerre chez les Scythes, et, pour le passage de ses troupes, avait jeté un pont sur l'Ister (**Danube**) et confié la garde de ce pont, en son absence, aux principaux chefs (1), parmi lesquels se trouvait Miltiade. Celui-ci proposa aux officiers de couper ce pont afin d'arrêter la marche de Darius sur la Grèce. Sa proposition n'ayant aucun succès, il revint à Athènes, et, comme les Perses, sous la conduite de Datis et Artapherne, voulaient s'emparer de la Grèce, Miltiade, désigné du reste par l'oracle pour se mettre à la tête de l'armée, fut au nombre des dix généraux qui résistèrent aux Perses.

Les généraux se demandaient s'il fallait attendre le secours des Spartiates, mais Miltiade se prononça pour l'attaque immédiate. La bataille fut décidée et Miltiade attendit son jour de commandement pour la livrer, dans les plaines de Marathon, à quelques lieues au nord d'Athènes, où il remporta une des plus grandes victoires des Athéniens, qui, ce jour-là, avaient pour alliés les Platéens.

Grisé par le succès, Miltiade voulut aller conquérir l'île de Paros, mais il échoua et en revint grièvement blessé.

A son retour, **Xantippe**, un des chefs du parti populaire, le fit mettre en accusation pour avoir trompé la confiance des Athéniens et Miltiade fut condamné à une amende de 50 talents (2).

Il mourut bientôt en prison, en laissant à son fils **Cimon** le soin de payer cette amende. Du moins, les Athéniens lui élevèrent plus tard un tombeau dans la plaine même de **Marathon.**

b. **THÉMISTOCLE** naquit de parents pauvres à Préas, en Attique, vers 528, mourut en 464. Il se signala par son

(1) Les Grecs d'Asie, qui étaient tributaires du roi de Perse. (Voir Résumé de l'Orient, à Guerre contre les Scythes.)

(2) Le talent attique valait. 5.216 francs.

courage à la bataille de Marathon, et disait souvent que les lauriers de Miltiade l'empêchaient de dormir. Epris de gloire, il parvint des plus modestes fonctions aux plus hautes magistratures et devint le chef du parti populaire, tandis que son rival Aristide restait plus dévoué au parti de l'aristocratie. Thémistocle voulut qu'Athènes devînt la plus grande puissance navale de la Grèce et il affecta à cette reconstitution de la flotte les ressources des mines du Laurium. Ses plans déplurent à l'aristocratie; il y eut lutte entre lui et Aristide. Thémistocle triompha et fit exiler Aristide.

Plus tard, quand Xerxès menaça la Grèce, les Athéniens donnèrent à Thémistocle le commandement en chef, qu'il laissa cependant au Spartiate **Eurybiade** au combat d'**Artémisium**, mais livra lui-même la célèbre bataille de Salamine (480) qui sauva la Grèce.

Athènes avait été détruite par les Perses, Thémistocle en dirigea la reconstruction, et, malgré la jalousie des Spartiates, réussit à fortifier cette ville, puis soumit à **Aristide**, revenu d'exil, ses plans que celui-ci désapprouva. Bientôt en butte à la méfiance de ses concitoyens, Thémistocle **fut banni** d'Athènes en 470 par l'**ostracisme** (1). Il parvint jusqu'au roi de Perse, Artaxerxès, qui lui fit bon accueil. Il vécut à Magnésie en qualité de satrape perse, et mourut assez à temps pour ne pas ternir sa gloire en portant les armes contre sa patrie.

c. **ARISTIDE.** — « L'athénien **Aristide**, fils de Lysimaque, était à peu près du même âge que Thémistocle; aussi lui disputa-t-il le premier rang dans la cité. Ils s'accusèrent mutuellement: mais on vit, dans leur rivalité, combien l'éloquence a d'avantage sur la vertu. Quoique Aristide eût acquis par son intégrité le nom de **Juste**, il fut renversé par Thémistocle, et condamné par l'ostracisme à un bannissement de dix ans.

Il ne subit pas entièrement les dix années d'exil. Six ans après, lors de la descente de Xerxès dans la Grèce, il fut rappelé dans sa patrie par un plébiscite. Déjà, il avait assisté à la bataille de Salamine, avant que sa peine lui fût remise.

(1) L'ostracisme fut appliqué une dizaine de fois, en particulier à Clisthène, Aristide, Thémistocle, Cimon.

Il fut mis aussi, comme stratège, à la tête des Athéniens, dans la journée de Platées, où Mardonius fut défait. Ce commandement est le seul grand fait de sa vie ; mais combien de traits signalent son intégrité et sa justice !

Aristide fut chargé de régler la taxe que chaque ville devait fournir pour la construction des flottes et pour la levée des troupes. Ce fut d'après son avis qu'on déposa tous les ans à Délos 460 talents, dont on fit le trésor commun de la Grèce. Tout cet argent fut depuis transporté à Athènes. La preuve la plus certaine de l'intégrité d'Aristide, c'est qu'après avoir présidé à de si grandes opérations, il mourut dans une telle pauvreté qu'il laissa à peine de quoi fournir à ses funérailles. En sorte que ses filles furent nourries, dotées et mariées aux frais du trésor public. Il finit ses jours environ quatre ans après l'expulsion de Thémistocle. » CORNÉLIUS NÉPOS.

d. **LÉONIDAS.** — Ce roi de Sparte, de la famille des Agides (491-480), fut le héros de la défense des Thermopyles, lorsque Xerxès, voulant envahir la Grèce après avoir traversé la Thessalie, n'avait plus qu'à franchir ce défilé, sur la route praticable entre les montagnes et le canal de l'Eubée. Le roi de Perse ne pouvait croire que six mille Grecs fussent capables d'arrêter ses soldats au nombre d'un million : « Rends les armes ! » fit-il dire à Léonidas ; « Viens les prendre ! » répondit le roi de Sparte ; et la lutte commença. Elle durait depuis deux jours, quand un traître, **Ephialte**, indiqua aux Perses un sentier par lequel ceux-ci pouvaient gagner la hauteur sans être vus. C'était la défaite pour les Grecs. Léonidas s'aperçoit du mouvement, renvoie les alliés qui allaient périr et reste à la tête de 300 Spartiates pour résister aux Perses. Un combat furieux s'engage. Léonidas est tué avec tous ses hommes. 20.000 Perses y périrent. Xerxès fit mettre en croix le corps de Léonidas, mais la Grèce recueillit pieusement ses os, et fit élever, plus tard, à cet endroit un tombeau avec cette inscription : **Passant, va dire à Sparte que nous sommes morts ici pour obéir à ses lois !**

e. **PAUSANIAS** — roi spartiate qui gagna avec Aristide sur Mardonius la bataille de **Platées**. L'orgueil de ses succès, le désir surtout de quitter la vie sévère du spartiate, pour se livrer aux plaisirs comme les Perses, troublèrent sa vaniteuse intelligence. Xerxès lui offrit la main de sa fille en échange d'une trahison. Pausanias, soupçonné, fut rappelé à Sparte, où, faute de preuves, il fut acquitté, mais renoua bientôt ses relations avec le roi de Perse, et, cette fois, des preuves accablantes le firent condamner à mort. Il se réfugia dans le temple de Minerve. On en mura les portes pour le laisser mourir de faim, et sa mère elle-même y apporta la première pierre.

f. **CIMON**, général athénien, fils de Miltiade, né vers 500, mort en 449. Il avait l'habileté de son père, le génie de Thémistocle, la probité d'Aristide. Après s'être distingué dans les grandes batailles livrées contre les Perses, il reçut, à la mort de Thémistocle, le commandement de la flotte athénienne et s'appliqua, non seulement à combattre les Perses, mais à maintenir l'union parmi les Grecs.

C'est lui qui coula à fond plus de 200 navires perses à l'embouchure de l'Eurymédon. Bien que chef de l'aristocratie, il devint très populaire parmi les pauvres, car il était très généreux et très hospitalier. Tout le butin qu'il prenait à l'ennemi, il le consacrait à l'embellissement d'Athènes. Il fut cependant accusé par Périclès et victime de l'ostracisme pour n'avoir pas réussi à faire accepter par les Spartiates le secours des Athéniens ; mais ceux-ci, touchés par son dévouement, le rappelèrent de l'exil, et il put reprendre ses campagnes contre les Perses en Asie-Mineure.

Il mit le siège devant **Citium**, et il mourut d'une blessure reçue pendant le combat, après avoir négocié la fameuse **paix qui porte son nom.**

Lecture : *Parallèle entre Sparte et Athènes.*

HUITIÈME LEÇON

SUPRÉMATIE D'ATHÈNES (1)

RIVALITÉ D'ATHÈNES ET DE SPARTE. — LA LIGUE ATHÉNIENNE. — LA RUPTURE AVEC SPARTE. — PÉRICLÈS, SA VIE ET SON ADMINISTRATION.

RIVALITÉ DE SPARTE ET D'ATHÈNES.

Au moment des guerres médiques, Sparte tenait le premier rang dans la Grèce : à **Artemisium**, à **Salamine**, à **Platées**. à **Mycale**, le commandant en chef des armées grecques était **Spartiate**.

ATHÈNES voulait compter davantage; d'autant plus que ses habitants n'étaient guère satisfaits de n'avoir pas été mieux secourus par Sparte à **Marathon**, aux **Thermopyles**, excepté par **Léonidas**, ni même au moment de l'**incendie d'Athènes** par Mardonius.

Athènes commence donc par relever ses murs. Thémistocle venait de l'agrandir et de commencer ses fortifications, ce qui mécontentait les voisines jalouses, **Corinthe**, **Égine** et presque tout le **Péloponèse**, **Sparte** en tête

Après Thémistocle, Cimon et Périclès font construire les longs murs qui relient la ville haute à la ville basse. — Aristide obtient que tous les citoyens puissent parvenir à toutes les fonctions publiques ; l'union se fait entre les Athéniens, et avec l'union, la force.

Athènes était prête. Elle profite des circonstances et en particulier du mécontentement causé à Sparte par la

(1) Avec Périclès nous allons étudier l'hégémonie ou suprématie d'Athènes. Plus tard, nous verrons l'hégémonie de *Sparte* avec *Lysandre*, et ensuite l'hégémonie de *Thèbes* avec *Pélopidas* et *Epaminondas*.

Les nouveaux programmes de 1902 intitulent cette leçon : *Formation de l'empire d'Athènes*.

trahison de Pausanias qui avait ainsi humilié sa patrie. Ce roi de Sparte croyait qu'en s'alliant au roi des Perses, il deviendrait le maître absolu de la Grèce.

Athènes veillait.

b. LA LIGUE ATHÉNIENNE, LA RUPTURE AVEC SPARTE.

Elle réunit, grâce à Aristide, dans la CONFÉDÉRATION DE DELOS toutes les villes maritimes de la mer Egée, excepté le Péloponèse qui restait attaché à Sparte. Cette confédé-ration, dont le siège politique était à **Athènes** et le siège religieux à **Delos**, avait tout réglé sagement, con-tributions et entreprises, et devint l'**Empire Athénien** surtout lorsque Périclès obtint de transporter à Athène même, le temple de Minerve (460) où se conservait le tré-sor de la ligue (environ 1800 talents, plus de dix million de francs).

Quelques îles se soulèvent contre cette ligue athénienne en particulier Naxos et Thasos, pour lesquelles Sparte pr parti. C'est la **rupture définitive** entre **Sparte** **Athènes**.

Par malheur pour les Spartiates, la Laconie est rudemen atteinte par un **tremblement de terre** qui détruit Spart presque complètement. Les Athéniens s'opposent à reconstruction de cette ville et pourtant Cimon propos d'aider les Spartiates à réprimer les révoltes des Mess-niens et des Hilotes contre Sparte; généreuse interventio qui est mal reçue par les Spartiates. Athènes sent là un injure et **déclare ouvertement la guerre** à sa rival

Cette guerre n'était que le prélude de la fameuse guer du Péloponèse dont nous parlerons plus tard en déta elle dura six ans et se termina par la défaite des Athénie à **Coronée** en 447 et une **trêve de Trente ans** (445).

Sparte gardait la **domination sur le Péloponès** Athènes son **hégémonie sur les forces maritime** elle profitait de ces années de paix pour se placer, grâce à **Périclès** à la tête de la Grèce.

PÉRICLÈS (494-429)

a. — **SA VIE**

b. — **SON ADMINISTRATION**

a. — SA VIE

PÉRICLÈS est né en 494. Fils de XANTHIPPE, l'ennemi de Miltiade, le vainqueur à Mycale et petit-fils par sa mère de CLISTHÈNE, l'Alcméonide qui avait renversé les PISISTRADIDES.

Dès sa jeunesse il fut formé à la philosophie par ANAXAGORE et Zénon, à la musique par Damon.

Pendant que Cimon était à la tête de l'Aristocratie, Périclès voulut être le **chef du parti populaire** qui manquait de direction. Il parvint en effet à gagner la confiance du peuple dont pendant 20 ans, il fut, non pas le souverain, mais le conseiller.

Périclès avait du reste toutes les qualités requises; soldat ou matelot, législateur ou juge, citoyen partout et toujours.

Bien que fort riche, il menait une vie simple et frugale, consacrait une grande partie de ses revenus pour les pauvres et l'embellissement d'Athènes, tenait table ouverte à tout venant, courageux, très instruit, puissant par sa parole ardente, il avait un grand empire sur lui-même à tel point qu'il ne pleura qu'une seule fois dans sa vie, à la mort du dernier de ses fils, enlevé par la peste. « Grâce à l'élévation de son caractère, dit Thucydide, à la profondeur de ses vues, à son désintéressement sans bornes, il exerça sur Athènes un incontestable ascendant. »

Il ne fut malgré cela que **stratège**, jamais archonte.

A la mort de Cimon, il dirige les troupes en Phocide; il construit une foule de monuments (1) avec le précieux

(1) Le Parthénon, l'Odéon, les Propylées, le temple d'Eleusis dont nous parlerons plus loin.

concours de Phidias, fait raser la ville de Samos qui avait refusé de soumettre aux Athéniens son différend avec Milet, tint le trésor toujours rempli et la flotte toujours prête, soutint la guerre du Péloponèse; essaya d'étendre la **domination** d'Athènes sur la **Grèce Continentale**, mais Sparte se ligua contre lui et ne lui permit de garder que l'**empire de la mer**.

Il eut de grandes tristesses, causées par la mort de ses proches et la jalousie de ses contemporains, mais sa disgrâce ne dura pas longtemps. Il **mourut de la peste** qui, partie d'Ethiopie, descendit en Egypte, puis dans la Lybie pour pénétrer dans la république d'Athènes.

Au moment de mourir, il dit à ses amis qui vantaient ses victoires : « Vous me louez de ce que bien d'autres ont fait comme moi, mais vous oubliez ce qu'il y a de plus grand dans ma vie, c'est que je n'ai jamais fait prendre le deuil à aucun athénien. »

b. — SON ADMINISTRATION

Elle se résume dans quatre modifications de la Constitution athénienne.

1° Enlever la surveillance du trésor à l'Aréopage qui ne devenait plus qu'un tribunal judiciaire chargé seulement de punir le meurtre.

2° Organiser la justice. Tirage au sort des magistrats, pour couper court aux intrigues, créer les Héliastes (nos jurés actuels). Toute la justice passe aux mains du peuple.

3° Obliger les citoyens à recevoir l'éducation militaire (Ephebie) de 18 à 20 ans.

A faire partie de l'armée active de 20 à 40 ans.

A former l'armée de réserve de 40 à 60 ans.

4° Etablir de nombreuses colonies et enfin embellir Athènes.

Lecture : *Un Citoyen d'Athènes*.

NEUVIÈME LEÇON

LE SIÈCLE DE PERICLÈS

« On a dit **LE SIÈCLE DE PÉRICLÈS**, comme plus tard le **siècle d'Auguste** ou celui de **Louis XIV**, et cette influence exercée par un homme sur son temps est d'autant plus glorieuse que Louis XIV et Auguste furent des souverains absolus, tandis que Périclès ne fut jamais que le **premier citoyen d'une république.**

PIGEONNEAU.

Athènes devint donc le centre et le foyer des lettres et des arts, grâce à Périclès qui y attira les écrivains, les orateurs et les artistes les plus célèbres d'alors.

« Privilégié entre tous, dit M. Pélissier, le siècle de Périclès présente un grand spectacle dans l'Histoire; jamais l'humanité n'a plus approché de l'idéal qu'elle peut rêver, jamais dans un plus bel accord l'homme n'a uni toutes les gloires, toutes les vertus, toutes les prospérités. »

I. **LE MOUVEMENT INTELLECTUEL**
II. **LE MOUVEMENT ARTISTIQUE**
III. **LE MOUVEMENT DÉMOCRATIQUE**

I. LE MOUVEMENT INTELLECTUEL

Le « siècle de Périclès » a brillé dans tous les genres. Parmi les principaux noms que nous allons citer, nous nous étendrons sur quelques-uns des plus influents de ce siècle (1).

1° ELOQUENCE. — **Périclès**, Démosthènes, **Eschine**, Lysias, Isocrate.

(1) Nous rangeons au nombre des grands écrivains du siècle de Périclès, certains hommes qui ont surtout brillé au temps d'Alexandre. Ils n'en appartiennent pas moins au grand siècle littéraire de la Grèce.

2° HISTOIRE. — **Hérodote, Thucydide, Xénophon.**

3° PHILOSOPHIE. — Pythagore, Anaxagore, **Socrate, Platon, Aristote,** Diogène, Epicure.

4° MÉDECINE. — Hippocrate.

5° TRAGÉDIE. — **Eschyle, Sophocle, Euripide.**

6° POÉSIE LYRIQUE. — Pindare.

7° COMÉDIE. — **Aristophane,** Ménandre.

Les **Rhéteurs** étaient des professeurs d'éloquence.

Les **Logographes,** des avocats consultants qui écrivaient les plaidoyers des plaignants, et quelquefois la réponse, moyennant salaire.

HÉRODOTE, 484-406, surnommé le **Père de l'Histoire,** naquit dans la ville dorienne Halicarnasse, de parents nobles et riches, ce qui lui permit de voyager beaucoup jusqu'à trente ans et de visiter l'Égypte, la Lybie, la Babylonie, la Phénicie, la Perse et le Bosphore. Il se fixa définitivement à Thurium, colonie athénienne où l'on prétend qu'il mourut après avoir eu, dans le monde hellénique, une renommée considérable. Il nous a laissé l'**Histoire des guerres médiques** en neuf livres, auxquels les Grecs ont donné, dans leur admiration, les noms des neuf muses. Il rattache en même temps à ces récits, l'histoire des Perses, des Mèdes, des Egyptiens, etc.

C'est le premier historien que les Grecs ont eu ; jusqu'à lui, ils ne connaissaient guère que des poètes. Quand il raconte ce qu'il a vu lui-même, il écrit les faits avec exactitude ; il est moins véridique quand il nous transmet la tradition et les faits merveilleux dont il nous parle. Son style est clair, harmonieux, simple et parfois brillant.

THUCYDIDE, 470-395, succéda à Hérodote et porta le genre historique à sa perfection ; la postérité l'a appelé le **Père de l'histoire philosophique,** car dans tous les événements qu'il raconte, il démêle, avec une grande sagacité d'observation, les causes et les résultats. Il est toujours exact, curieux de la vérité et ennemi des fictions.

Son style est un modèle **d'atticisme**, c'est-à-dire de sobriété élégante.

Il est né près d'Athènes et appartenait par son père à la race des anciens rois de Thrace et par sa mère à la famille de Cimon. On raconte qu'à l'âge de seize ans, en entendant Hérodote lire un chapitre de son histoire devant la Grèce assemblée pour les jeux olympiques, il versa des larmes de généreuse émulation. Il entra de bonne heure dans la vie publique, suivit les leçons d'Anaxagore, prit part à la guerre du Péloponèse comme stratège, mais fut exilé pour n'avoir pu secourir à temps la ville d'Amphipolis. Pendant vingt ans que dura cet exil, bien que fixé en Thrace il voyagea beaucoup et écrivit son admirable **Histoire de la guerre du Péloponèse** (en 8 livres) racontant les événements par année.

XÉNOPHON, 445-350, philosophe et historien né à Athènes, fut surnommé l'**abeille attique**, à cause de la grâce et de la douceur de son style. Son existence fut agitée ; nous aurons à en parler bientôt. Son chef-d'œuvre est l'**Anabase**, ou la retraite des Dix mille Grecs après la mort de Cyrus, tué à Cunaxa ; puis vient son roman historique la **Cyropédie** ou l'éducation de Cyrus. Il fut banni par les Athéniens qu'il avait combattus, et alla, croit-on, mourir à Corinthe.

SOCRATE, 470-400, exerça d'abord le métier de son père, le statuaire Sophronisque et se donna ensuite aux sciences et à la philosophie. Il n'a laissé aucun écrit. Sa doctrine nous a été conservée par Platon. Malgré sa laideur et sa pauvreté, il exerça sur les jeunes gens un très grand ascendant. Il eut des jaloux et fut accusé à cause de son scepticisme à l'égard des dieux de la mythologie de corrompre la jeunesse, surtout par Aristophane, fut condamné à boire la **ciguë** et mourut avec le calme d'un sage et d'un juste entouré de ses disciples, à qui il avait enseigné une Providence universelle et une morale très pure, surtout en les interrogeant — méthode socratique — et en les forçant à reconnaître la vérité par l'absurdité des systèmes faux.

PLATON, 430-347, né à Egine. Un des plus puissants génies de l'antiquité ; fut surnommé le **divin Platon**, à cause de la sublimité de sa doctrine et malgré la singularité de certaines idées. Après la mort de Socrate, il se mit à voyager, fut vendu comme esclave et vint se fixer à Athènes après avoir recouvré la liberté. Il y fonda son école — **Académie** — du nom d'un jardin qui appartenait à un certain Académus Il créa la **dialectique.** Presque tous ses ouvrages sont sous forme de dialogues.

ARISTOTE, 384-322. Fils d'un médecin du roi de Macédoine, fut orphelin à 17 ans, et vint aussitôt étudier la philosophie à Athènes. Après avoir été précepteur et conseiller d'Alexandre, il revint à Athènes où il fonda, sous les arbres du **Lycée**, une école. Il y enseignait en se promenant — **péripatéticiens.** Astronome, naturaliste, philologue, rhéteur, il donna dans ses écrits tous les procédés capables d'amener le progrès des sciences.

ESCHYLE, 525-456, le poète religieux par excellence, naquit à Eleusis, fut un des **trois grands tragiques** avec **Sophocle** et **Euripide**. Soldat à Marathon, Salamine, Platées, il quitta Athènes, après avoir eu de grands succès sur la scène, quand la démocratie triompha avec l'avènement de Périclès, pour aller mourir en Sicile à 69 ans. Il perfectionna les costumes et les décors des théâtres. Nous avons de lui sept pièces : Les **Perses**, les **Sept chefs devant Thèbes**, les **Frères ennemis**, les **Suppliantes**, **Prométhée enchaîné**, etc.

SOPHOCLE, 495-406, naquit à Colone, près d'Athènes, et mourut mystérieusement. Nommé stratège avec Périclès dans la guerre contre Samos, il travailla pendant

60 ans pour le théâtre et composa 123 tragédies dont il ne nous reste que 7 ouvrages : **Antigone Electre, les Trachiniennes, Œdipe roi, Ajax, Philoctète, Œdipe à Colone**, etc., porta son art à la perfection et excella dans le pathétique.

EURIPIDE, 480-405, né à Salamine, de parents pauvres, fut athlète, peintre, sophiste, alla mourir en Macédoine, déchiré par des chiens de montagne. Il a été très violemment contesté, fit jouer sa première pièce à 25 ans et composa 92 pièces, dont 5 seulement obtinrent la couronne et 17 nous restent, entre autres : **Iphigénie en Aulide**.

ARISTOPHANE, 444-386, naquit soit à Egine, soit à Rhodes, soit plus probablement à Athènes. On ne connaît presque rien de sa vie privée. Il fut le plus grand comique d'Athènes et de la Grèce, sa comédie est surtout politique, toujours originale, parfois obscène ou sublime. Les **Nuées**, les **Guêpes**, les **Oiseaux**, les **Grenouilles** sont des satires contre les mœurs ou les hommes de son temps.

Lecture : *L'Enseignement littéraire*.

DIXIÈME LEÇON

LE SIÈCLE DE PÉRICLÈS (*Suite.*)
LE MOUVEMENT ARTISTIQUE

L'ART GREC { 1° **Caractères généraux.**
2° **L'architecture.**

1° CARACTÈRES GÉNÉRAUX

« L'Art grec comme la civilisation grecque tout entière, a été le résultat d'éléments divers que nous nous contenterons d'énumérer : la race, le sol et le climat, l'influence des civilisations antérieures, les religions, les lois et les mœurs, autrement dit la vie religieuse, publique et privée. Il faut y ajouter le génie de ses grands hommes et le libre exercice qu'ils ont fait de leurs facultés... L'intelligence de l'homme obéit à deux tendances qui semblent le plus souvent rivales, sinon ennemies : l'**imagination** et la **raison**, l'**inspiration** et la **méthode**; toutes deux sont nécessaires à l'art. Les Grecs ont eu l'incomparable gloire d'avoir réuni dans une harmonie supérieure la réflexion raisonnée et l'inspiration enthousiaste, sans sacrifier en rien l'un à l'autre... Un mot résume l'art grec : la **Beauté** » (1).

Si l'on a pu reprocher à cet art un certain défaut d'originalité, c'est, croyons-le, parce qu'il a été imité outre mesure. Si les Grecs ont pu, à l'origine, subir l'influence orientale de la Phénicie, de l'Egypte, de l'Assyrie, de la Lydie, il n'en est pas moins vrai qu'ils ont su aussi s'émanciper de ces influences, et qu'ils ont eu l'inappréciable avantage de faire les prémiers ce qu'ils ont fait de bien.

LES TROIS ÉPOQUES. — « L'art grec, dit M. Van den Bergh, peut se diviser en trois époques :

1º **L'époque archaïque**, qui va du VIIIe au Ve siècle av. Jésus-Christ et pendant laquelle l'art grec se dégage de l'influence orientale. Les artistes de cette époque surent fondre le fer, tailler le marbre, graver les pierres dures, ciseler les métaux précieux et couler le bronze.

2º **L'époque classique**, qui comprend deux siècles, depuis les guerres médiques jusqu'à l'époque d'Alexandre (2). L'architecture, la sculpture et la peinture produisent leurs **chefs-d'œuvre**. C'est le temps de Phidias, le fondateur de l'Ecole d'Athènes et le plus grand des sculpteurs.

La 3e époque qui va depuis Alexandre jusqu'à la conquête de la Grèce par les Romains, produisit beaucoup d'artistes, dont aucun n'égala ceux de l'époque précédente. »

(1) ROGER PEYRE, *Histoire des Beaux-Arts*.

(2) Cette époque correspond donc à la 3e partie de notre résumé : **La Virilité de la Grèce.**

2° L'ARCHITECTURE

A. — CARACTÈRES.

B. — NOTIONS SUR LES TROIS ORDRES. { **dorique.** **ionique.** **corinthien.**

C. — LES ŒUVRES.

A. — **CARACTÈRE DE L'ARCHITECTURE GRECQUE.** — Il ne faut pas oublier que l'architecture grecque a été essentiellement religieuse à ses débuts. Les artistes travaillaient en conscience, car ils travaillaient pour un dieu. » Aussi, dit M, Seignobos, leurs monuments sont-ils soignés dans toutes les parties, même dans celles qui sont le moins en vue, et si solides, qu'ils subsisteraient encore si on ne les avait détruits violemment. »

Le temple grec fut d'abord un édifice simple et nu, une longue boîte de pierre, dont la façade est surmontée d'un triangle, le tout posé sur un rocher. A première vue, toutes les lignes semblent droites, et, en les **étudiant** de près, aucune n'est droite : « Les colonnes sont **renflées** vers le milieu, les lignes verticales sont légèrement inclinées vers le centre, les lignes horizontales sont bombées au milieu (1). » C'est ainsi que tenant compte des illusions de la perspective, les artistes évitaient les raideurs des lignes géométriques.

B. **LES TROIS ORDRES.** L'ancien temple fut bâti suivant certains principes et certaines dispositions appelées ORDRES.

Le plus ancien, l'**ordre dorique**, parce que les Do-

(1) SEIGNOBOS.

D. I. C.

riens en firent usage les premiers. — **Sévère et puissant**, au 7e siècle.

l'**ordre ionique**, employé la première fois au temple de Diane à Ephèse en Ionie. — **Plus gracieux**, au 6e siècle.

l'**ordre corinthien**, inventé par Callimaque, de Corinthe, — **Plus riche** en ornements, au 5e siècle.

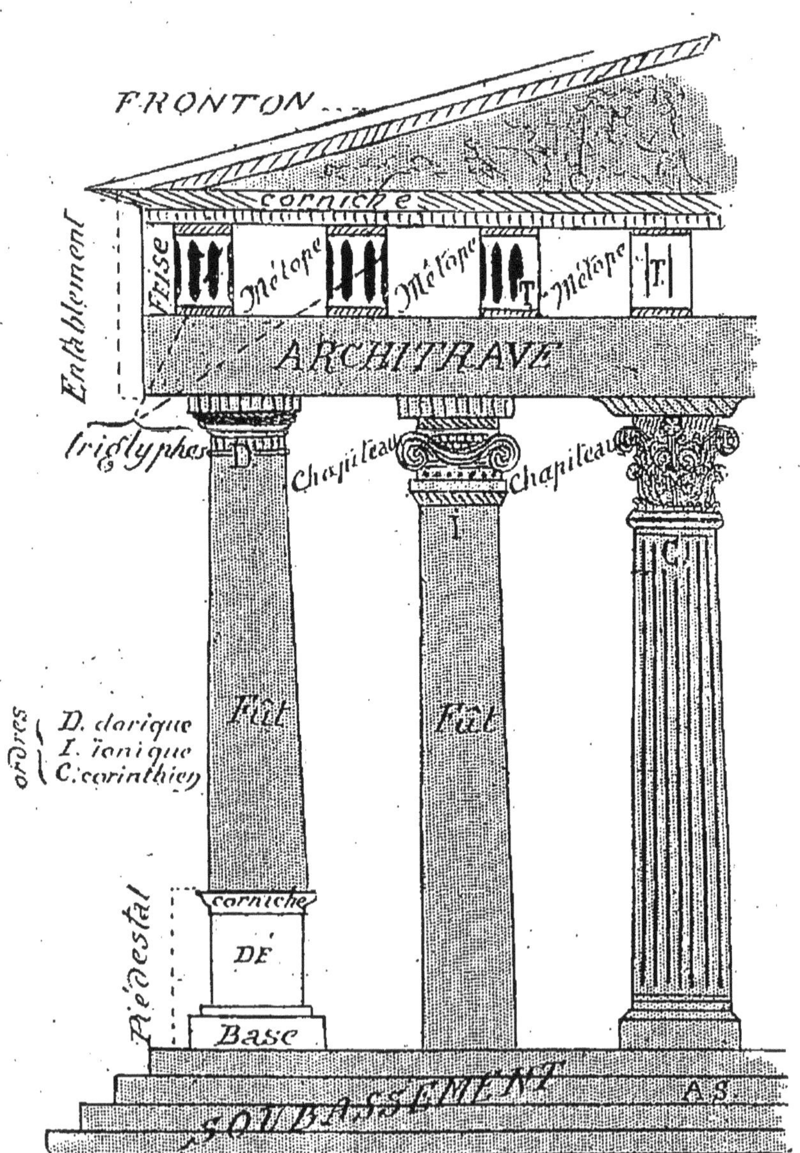

1° **La colonne.** — Dans tous les ordres, la colonne constitue la partie essentielle du monument, car c'est elle qui détermine les proportions des autres parties. Comme pour les troncs d'arbre, le diamètre de la colonne est plus grand à la base qu'au sommet.

Elle se compose de trois parties :

1. **La Base** ou pied qui supporte le fût et repose sur le sol.

2. **Le Fût** ou corps qui est l'élément essentiel.

3. **Le Chapiteau** ou tête qu'on a employé pour donner aux poutres transversales une assiette plus large.

2° **L'entablement** est la partie supérieure d'un ordre, composée elle-même de trois parties.
- **l'architrave.**
- **la frise.**
- **la corniche.**

1. L'ARCHITRAVE (archos, principal ; trabs, poutre) était dans les constructions primitives une poutre couchée sur les têtes des piliers pour les joindre.

2. LA FRISE, surmonte l'architrave, quelquefois sans ornement mais le plus souvent décorée de bas-reliefs ou d'inscriptions. Dans la frise on distingue les triglyphes et les métopes.

Les **triglyphes** (trois glyphes) sont des rainures creusées à l'extrémité des poutres qui reposent sur l'architrave.

Les **métopes** (ouverture entre) étaient primitivement les espaces vides entre les triglyphes. Ces intervalles ont été plus tard remplis de maçonnerie.

2. LA CORNICHE domine tout l'entablement et se compose de plusieurs moulures en saillies.

3° **Le fronton** est le couronnement triangulaire qui repose sur l'entablement.

4° **Le piédestal** se compose de trois parties :
- **La base.**
- **Le dé.**
- **La corniche.**

Le fût de la colonne ne repose pas toujours sur un piédestal, mais plutôt sur une espèce de **soubassement** continu, ayant base et corniche et appelé **stylobate.**

ORDRE DORIQUE

On le reconnaît surtout à une décoration particulière de la frise, ordinairement des bas-reliefs. Le fût repose sur le soubassement, sans piédestal, il est cannelé. Le chapiteau est une sorte de coussinet que surmonte une plaque rectangulaire (Taillor et Alaque). Hauteur de la colonne de 4 à 6 fois le diamètre de la base.

Le **Parthénon** est le chef-d'œuvre de cet ordre. On l'a appelé **l'ordre masculin** — rien pour la grâce.

ORDRE IONIQUE

Elégant et gracieux, appelé **l'ordre féminin.** Il est surtout caractérisé par son chapiteau, qui est décoré à chacun de ses angles par un enroulement en spirale qu'on appelle **Volute** ou **Hélice**. L'architrave et la frise sont plus décorés et il y a beaucoup plus de ciselures, l'**Erechteion** d'Athènes. Hauteur des colonnes, 9 fois le diamètre de la base.

ORDRE CORINTHIEN

Le plus svelte, le plus riche, le plus magnifique; caractérisé surtout par la forme et la disposition de son **chapiteau**, imaginé par Callimaque. Ce chapiteau consiste en une partie centrale (corbeille, vase, toujours recouverte de deux rangs de feuilles — chaque rang a huit feuilles et huit volutes. Les feuilles imitent généralement celles de l'**acanthe sauvage**, quelquefois du persil ou de l'olivier. Le fût de la colonne peut être lisse; il admet cependant les cannelures; la frise reçoit des guirlandes; l'**œil** est une rose qui occupe le centre de l'échancrure de chacune des faces.

Les Grecs usèrent peu de ce style qu'ils empruntèrent probablement à l'Egypte et qu'ils modifièrent selon leur fantaisie.

Lecture : *L'Architecture grecque.*

ONZIÈME LEÇON

LE SIÈCLE DE PÉRICLÈS (*Suite.*)
LE MOUVEMENT ARTISTIQUE (*Suite.*)

1° **L'ARCHITECTURE.** — Les œuvres. — L'Acropole.
2° **LA SCULPTURE.** — **Phidias.**
3° **LA PEINTURE.** — **Zeuxis.** — **Apelle.**
4° **LA MUSIQUE.** — L'Odéon.

I. — L'ARCHITECTURE. (L'Acropole).

ACROPOLE. — (ακρος [acros], élevé, πολις [polis], ville) nom donné par les Grecs à la partie supérieure de

Vue de l'Acropole d'Athènes, du côté des Propylées

leurs villes, et le siège primitif des habitants; ils y plaçaient les principaux édifices de la cité. — (**Le Capitole à Rome**).

L'Acropole d'Athènes était un rocher de 150 mètres de

haut, isolé de toutes parts, offrant une surface de 300 m. sur 130. Il avait été autrefois fortifié par les Pelasges, était devenu la ville d'Athènes, puis simple citadelle, détruite ensuite par les Perses. Périclès jeta sur cette acropole une série de monuments remarquables.

LES PROPYLÉES (προ, devant, πυλη, portail), servaient d'entrée. Sur la hauteur, au niveau de la terrasse était un mur percé de cinq portes; celle du milieu, plus large, donnait passage aux chars. En avant du mur et dans l'entrée de l'acropole, un portique en marbre avec escaliers somptueux. (Elles ont coûté 11 millions). Beaucoup d'harmonie dans les proportions et de simplicité dans les ornements.

Ruines du Parthénon.

LE PARTHÉNON (Temple d'Athéna Parthenos) a toujours été considéré comme le plus riche, le plus beau, le plus parfait des temples grecs. Construit sur les plans de l'architecte Ictinos, il fut orné par **Phidias** de plus de 500 statues colossales d'une irréprochable perfection.

Sur un soubassement de trois hauts degrés de marbre s'élevaient tout autour du rectangle des fûts de colonnes doriques : il y avait 8 colonnes sur chaque façade et 17 sur chaque côté.

L'intérieur comprenait le PRONAOS ou vestibule, le NAOS partagé en trois nefs où se trouvait la divinité. Au fond du naos la **fameuse statue de Minerve** de Phidias en or et en ivoire, qui a coûté à elle seule plus de 3 millions, puis, derrière une porte de bronze l'**Opisthodome** qui contenait le trésor formé par les offrandes et les archives du temple.

Le Parthénon est resté intact jusqu'en 1687. A cette époque, les Turcs qui l'assiégeaient en firent une poudrière, une bombe y éclata et coupa en deux le monument. Les Vénitiens et les Anglais achevèrent de le mutiler. On en voit encore aujourd'hui les ruines.

L'ERECKTEION, chef-d'œuvre de l'ordre ionique, bâti en l'honneur d'un ancien roi d'Athènes, ERECHTÉ, était orné du fameux et riche portique des **Caryatides.**

LE TEMPLE DE LA VICTOIRE élevé sur l'Acropole en mémoire de la bataille de l'Eurymédon, puis à Athènes l'**Odéon** ; à Sunium le **temple d'Athéna**, etc.

II. — **LA SCULPTURE.** (**Phidias.**)

Comme l'architecture la sculpture a eu la religion pour origine. Les artistes ont commencé par représenter leurs dieux sous des formes humaines, puis l'usage vint qu'on reproduisît les portraits des athlètes vainqueurs. Alors les statuaires, à force de copier ces modèles, généralement robustes et bien musclés, imitèrent la nature avec une certaine perfection.

Le nom qui domina ceux de tous les statuaires fut **PHIDIAS,** le plus grand sculpteur, peut-être, qui ait existé.

On présume que ses premières œuvres furent la MINERVE GUERRIÈRE en bois doré et la MINERVE POLIADE. On possède encore une partie des marbres du Parthénon exécutés par PHIDIAS. Les bas-reliefs des frises représentaient des scènes religieuses; on peut signaler en particulier le cortège des Panathénées.

Minerve de Phidias.

« Le plan de la composition est d'une simplicité grandiose : il semble que le cortège s'avance sur deux rangs qui se dédoublent pour venir s'appliquer sur chacun des longs côtés du temple et se réunir à la façade postérieure.

C'est d'après cette ordonnance à la fois symétrique et harmonieuse que s'avancent les vieillards des tribus attiques, appuyés sur de longs bâtons, les jeunes filles vêtues de robes aux plis droits, portant des patères et des vases, et les filles des metèques tenant les sièges et les ombrelles destinés aux jeunes athéniens de naissance libre. Viennent ensuite les victimes, bœufs et moutons, envoyés par les colonies athéniennes, et conduites par des jeunes gens; puis les fils des metèques portant des bassins et des amphores, les joueurs de flûte et de cithare, des vieillards tenant à la main des branches d'olivier, ... etc. — Collignon.)

« On peut dire que Phidias a résumé en lui les qualités les plus variées et les plus délicates du génie grec. Il a su allier l'énergie et la vigueur du style dorien à la fleur de mesure et de bon goût qui caractérise l'atticisme.

Il se tient toujours aussi près que possible de la vérité et ne sacrifie jamais à la convention pure et simple : mais il évite aussi de tomber dans la vulgarité qui est l'écueil de l'imitation trop exacte de la nature. » — Ch. Normand.)

Peintre, architecte, sculpteur, Phidias pratique avec une égale perfection tous les genres de sculpture depuis les colosses jusqu'aux simples petites abeilles. Ses contemporains furent **Polyclète**, dorien, **Myron** et ses rivaux, **Alcamène**, ionien, et **Panios.** — Plus tard, sous Alexandre, nous verrons **Scopas** et **Praxitèle.**

III. — **LA PEINTURE (Zeuxis)**

Chez les Grecs, la peinture fut d'abord monochrome, nous en avons une idée par les figures peintes sur les vases dits étrusques. Il est probable que la polychromie fut introduite au temps de Phidias, car Vitruve nous dit que les anciens maîtres imitèrent d'abord par la peinture les bas-reliefs de marbre décorés. Le premier grand nom serait **Polygnote de Thasos**, puis Apollodore d'Athènes, et enfin **ZEUXIS** qui perfectionna les coloris et les ombres.

Né vers 470 av. J.-C. **ZEUXIS** est avec **APELLE** un des plus grands peintres de l'antiquité. C'est lui qui le premier imagina de faire les ombres de ses figures, dans les teintes mêmes de chaque figure et de les fondre dans les teintes environnantes. Son talent lui acquit une fortune si grande qu'à la fin il ne voulut plus vendre ses compositions. Il les donnait. Presque toutes ont été dispersées et perdues dans divers incendies de Constantinople où elles avaient été apportées. Il avait fait un enfant portant des raisins que des oiseaux, dit-on, vinrent becqueter. Ce n'était là qu'un succès que Zeuxis appréciait lui-même à sa valeur. Il aurait répondu à ceux qui le félicitaient :

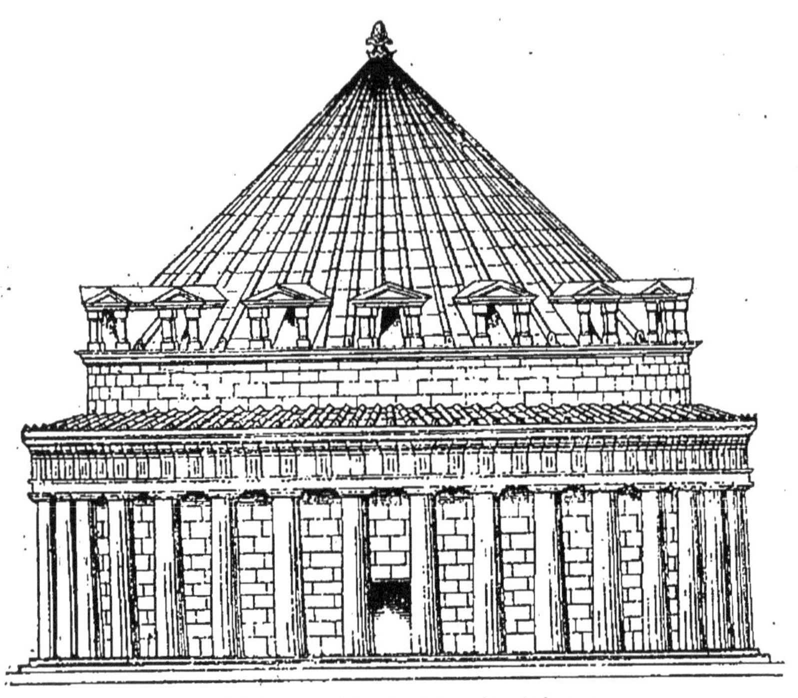

L'Odéon de Périclès à Athènes.

si l'enfant avait été mieux peint, les oiseaux auraient eu peur.

La peinture grecque eut son apogée avec Apelle, au temps d'Alexandre.

IV. — LA MUSIQUE (Pindare).

C'est aussi au ve siècle que la musique grecque fut constituée dans son ensemble. Les Grecs employaient non seulement les intervalles de ton et de demi-ton, mais les intervalles moindres, les quarts de ton par exemple. Ils étaient très sensibles à la musique et croyaient qu'elle avait la plus grande action sur les mœurs.

Tout poète devait être en même temps un musicien. Le plus célèbre des lyriques grecs, **PINDARE**, non seulement composait le chant qui était inséparable de ses odes, mais instruisait souvent et dirigeait quelquefois en personne les chanteurs et les instrumentistes (1) qui allaient exécuter ses plus belles pièces dans les villes de la Hellade.

C'est alors, sous Périclès, que l'on construisit des Odéons. **L'ODÉON** d'Athènes (οδειον, chant, ode) était un monument circulaire orné de colonnes et qui pouvait contenir environ 3.000 personnes, dont la moitié à cheval. C'était l'édifice où les musiciens se disputaient le prix et faisaient entendre leurs œuvres.

Lecture : *Les Sculptures du Parthénon.*

DOUZIÈME LEÇON

LE SIÈCLE DE PÉRICLÈS (*Suite.*)

3° LE MOUVEMENT DÉMOCRATIQUE (2)

LA VIE PUBLIQUE ET LA VIE PRIVÉE D'UN CITOYEN A ATHÈNES

I. — **VIE PUBLIQUE**. — LA RELIGION. — LES FÊTES. — LES MŒURS MILITAIRES. — LES THÉATRES. — LA PLACE PUBLIQUE. — LES VOYAGES.

II. — **VIE PRIVÉE**. — LA FAMILLE. — LES ECOLES. — LES HABITATIONS. — LE MOBILIER. — LE COSTUME. — LES REPAS. — LES FUNÉRAILLES.

(1) ROGER PEYRE, *Hist. des Beaux-Arts*, 110.

(2) « La Constitution qui nous régit n'a rien emprunté à aucun peuple, et sert à tous de modèle. Elle a reçu le nom de **démocratie**, parce que son but est l'utilité du plus grand nombre et non l'avantage exclu-

I. — VIE PUBLIQUE

a. **LA RELIGION.** — La Religion était superstitieuse, chez les Grecs, et mêlée à toutes les circonstances de la vie d'un citoyen. En dehors des grands dieux dont nous avons déjà parlé (1), de la mythologie grecque, chaque cité avait des dieux qui n'appartenaient qu'à elle. On les appelait génies, héros, démons. La plupart du temps c'étaient les âmes des ancêtres divinisées par la mort. Les morts étaient les gardiens du pays, à condition qu'on leur offrît un culte. Autre considération générale, le même nom comme **Zeus, Athéné**, ne désignait pas toujours la même divinité. **L'Athéné d'Athènes** n'était pas **l'Athéné** de **Sparte.** La religion n'était pas **une** mais composée d'une **série de cultes** différents.

Il n'y avait pas de clergé organisé et, par conséquent, pas de hiérarchie sacerdotale. L'autorité des prêtres s'arrêtait aux limites d'un sanctuaire dont ils avaient la garde.

Le **rite** était un ensemble de petites pratiques dont il ne fallait rien changer; enlever un mot à une prière viciait la prière elle-même. Il fallait la vraie formule, les vraies syllabes, sinon la prière était mauvaise.

On gagnait la faveur des dieux par les sacrifices et les prières. **Deux sortes de sacrifices** : 1° l'**offrande** des fruits, des gâteaux, des libations de vin et de lait.

2° l'**immolation** des animaux vivants, victimes **blanches** pour les dieux supérieurs, victimes **noires** pour les autres.

Si une des conditions nombreuses du sacrifice manquait, celui-ci était nul. Aussi, chaque cité conservait dans un livre spécial les détails de ces rites.

sif de quelques privilégiés. Chez nous, tous sont égaux devant la loi. Ce n'est point la naissance, c'est le mérite qui conduit aux honneurs... » (*Discours de Périclès*).

(1) Voir p. 17.

b. **LES FÊTES.** — Nous avons déjà parlé des jeux nationaux (1).

La grande fête religieuse d'Athènes était les **Panathénées** qui avait lieu tous les 4 ans, au mois de juillet et durait six jours. Après les représentations musicales de l'Odéon, les jeux gymnastiques, les courses de chevaux et de chars, les régates, on célébrait la fameuse **procession**, l'acte principal qui consistait à porter en grande pompe, dans le sanctuaire d'Athéna-Polias, le **peplos** neuf qui était offert chaque année à la déesse. C'était une très riche tapisserie où étaient brodées les actions de la déesse, les événements de l'histoire, les portraits des principaux citoyens. C'était une procession magnifique (2) composée d'une élite choisie dans tous les âges et tous les rangs de la cité.

Au mois de septembre on célébrait les **Eleusinies**, tous les cinq ans. Ces fêtes duraient 12 ou 14 jours et se passaient à Athènes et à Eleusis.

Les **Dionysies** en l'honneur de Bacchus donnèrent naissance aux représentations théâtrales.

c. **LES THÉATRES.** — Quelques tréteaux en plein air suffisaient d'abord; tout autour, des gradins étaient disposés sur le flanc d'une colline. Puis vinrent successivement des améliorations, échafaudages en bois pour la scène, enfin vers le 4e siècle, une scène en pierre.

Les acteurs étaient costumés et masqués. Ces masques représentaient certains types expressifs, de sorte que, selon le dialogue joyeux ou douloureux, il fallait changer de masque pendant le cours de la pièce.

Le Théâtre d'Athènes pouvait contenir 30.000 spectateurs qui entraient sur la présentation de jetons valant environ 30 centimes. La représentation durait toute une journée. On pleurait, on criait, on applaudissait, on sifflait.

(1) Voir la troisième leçon.

(2) Il faut en lire la description dans Taine, *Philosophie de l'Art*, p. 248).

d. **LA PLACE PUBLIQUE**. — Dans presque toutes les villes grecques, il y avait l'**Agora** ou place du marché où s'assemblait le peuple. C'est là que se passait presque toute la vie du citoyen. A Athènes, on trouvait sur cette place les édifices importants, les tribunaux, les temples, le Sénat. Il y avait des emplacements spéciaux pour chaque genre de produits, installés en plein air ou sous de modestes tentes en étoffe. Une femme aisée n'allait jamais au marché. Le mari achetait les provisions qu'il faisait porter à son domicile par des commissionnaires.

C'est là d'abord que le peuple délibérait et votait les lois ; plus tard, il se retira au **Pnyx** dont on ne connaît pas l'emplacement exact.

e. **LES VOYAGES**. — L'hospitalité était très grande chez les Grecs, ce qui dispensait d'avoir des auberges. Le Grec voyageait souvent à cheval mais, la plupart du temps, à pied.

f. — **LES MOEURS MILITAIRES**. — Les principales armes défensives étaient le **bouclier** rond ou ovale, et la **cuirasse**, composée de deux plaques d'airain. — Les armes offensives étaient le **javelot**, l'**épée**, la **massue**, l'**arc**, la **fronde** et la **hache**. — Le **char** de combat était une sorte de caisse sur 2 roues.

Les Grecs, les Athéniens surtout étaient d'excellents marins. Les navires étaient à 2, 3, plus tard 4 et 5 rangs de rames, **birèmes**, **trirèmes**, **quadrirèmes**, **quinquerèmes**. On était soldat de 18 à 60 ans. Les généraux s'appelaient **stratèges**, la grosse infanterie était les **hoplites**, l'infanterie légère les **peltastes**. Dans le temps de sa puissance, Athènes avait une flotte de 3 à 400 vaisseaux.

g. **LE COMMERCE**. — Au ve siècle, Athènes était une grande ville. Un orateur l'a même appelée « le marché de la Grèce entière. » Il y avait un grand échange de marchandises.

Les Athéniens recevaient le blé, le vin, le poisson, le bois, les esclaves et ils envoyaient dans la mer Noire et chez les Scythes les armes, les poteries et les étoffes. L'Egypte leur fournissait beaucoup de blé, et ce commerce était favorisé par un grand mouvement de navires, de marchandises et d'argent entre Athènes et le reste du monde grec. C'est à Athènes qu'on trouvait le plus facilement à changer les monnaies, chez le **trapézite**, espèce de banquier qui recevait et prêtait de l'argent, moyennant un intérêt assez élevé. Rappelons que chaque ville grecque frappait une monnaie différente.

h. **LES CLASSES SOCIALES.** — Les habitants de l'Attique au Ve siècle étaient divisés en trois classes : les esclaves, les étrangers, les citoyens.

Les **esclaves** étaient la majorité, car riches et pauvres avaient un ou de nombreux esclaves. Il y en avait jusqu'à cinq cents dans une seule maison. Ces esclaves étaient employés, les uns aux travaux de l'intérieur, à faire le pain, les vêtements, la cuisine, les autres dans les ateliers ou dans les mines; ils n'avaient droit qu'à leur nourriture et appartenaient tout entiers à leur maître qui avait tout pouvoir sur eux, même celui de les vendre et de les battre.

Les **étrangers** établis en Attique étaient appelés **métèques**. Ils ne pouvaient ni prendre part au gouvernement, ni acquérir un domaine, ni même épouser une citoyenne. La plupart étaient banquiers et marchands.

Les **citoyens**. — Voir lecture : *Un Citoyen d'Athènes.*

II. — VIE PRIVÉE.

a. **LA FAMILLE.** — Elle était fondée sur la religion. Le **Pater Familias** avait une très grande autorité qui, après sa mort, était exercée par le frère aîné. La femme apportait toujours une dot à son mari, si peu considérable qu'elle fût. La femme était vraiment souveraine dans l'**intérieur de sa maison**, et à Sparte surtout, jouissait d'une grande considération.

Les Grecs n'avaient pas comme nous **nom** et **prénom**, mais seulement un nom suivi de celui du père (au génitif). Les enfants étaient tenus à de grands égards envers leurs parents.

b. **LES ÉCOLES.** — Deux systèmes bien différents d'éducation à **Sparte** et à **Athènes.** Nous en avons parlé. A Athènes, il n'y avait pas, à proprement parler, d'enseignement organisé comme aujourd'hui soit par l'Etat, soit par des corporations spéciales. Il était donné par de simples particuliers, librement, dans des locaux privés.

Point de programme, mais seulement des règlements de police sous le contrôle des **Sophronistes.** Le professeur devait enseigner avant tout l'amour de la patrie, des institutions nationales. On sait que Socrate répandait ses idées par la conversation.

L'éducation athénienne comprenait trois parties : les **lettres**, la **musique** et la **gymnastique**, puis venaient les études de luxe : le **dessin**, les **sciences** la **rhétorique** et la **philosophie. Isocrate** fut le plus populaire des professeurs à la mode. La jeune fille restait jusqu'à son mariage dans le **Gynécée**, c'est-à-dire la partie de la maison où se tenaient habituellement les femmes et où les étrangers n'étaient jamais admis. On lui donnait les éléments des lettres et des sciences, mais il faut dire pourtant que le côté intellectuel de son éducation était fort négligé.

L'Éphébie était l'époque qui suivait l'adolescence où le jeune athénien se préparait à devenir soldat, sans être cependant caserné.

c. **LES HABITATIONS.** — Tout le luxe était réservé aux monuments publics. Les habitations particulières manquaient de confortable. Rues étroites, maisons petites, pauvres logis ; aussi les riches vivaient-ils à la campagne. On commença à élever des maisons à plusieurs étages après la guerre du Péloponèse.

d. **LE MOBILIER.** — Le mobilier consistait en sièges bas en X (diphros). Plus tard, avec un dossier (χλίσμος) en bois. On les couvrait de peaux, tapis ou coussins. Le lit était de bois simple d'érable ou de hêtre. Les tables étaient basses. La lingerie était conservée dans des coffres. Les vases étaient l'**Amphore**, à deux anses, souvent sur un pied en pointe qui s'enfonçait sur un socle; l'**hydrie** pour l'eau, le **cratère** pour les mélanges. On connaissait vers le IVe siècle les lampes à huile. Les vases étaient très décorés.

e. **LE COSTUME** était le **chiton**, pièce d'étoffe qui enveloppait tout le corps, puis la **chlamyde** manteau court qui flottait sur les épaules. La chaussure était une espèce de **sandale** mais les Grecs marchèrent plutôt nu-pieds.

f. **LES REPAS.** — Deux déjeuners, l'un en se levant, l'autre à midi : le soir, souper δειπνον. On invitait le soir. Les hommes étaient couchés, les femmes et les enfants assis. On ôtait ses chaussures, les esclaves lavaient les pieds des convives et on apportait les tables toutes servies Les Grecs mangeaient avec leurs doigts et on s'essuyait avec de la mie de pain.

g. **LES FUNÉRAILLES.** — Après la mort d'un grece on faisait la toilette du cadavre et on le recouvrait de vêtements blancs. Le lendemain, après un sacrifice, on le conduisait au lieu de la sépulture, en cortège dont l'ordre était fixé par la loi, au son des flûtes. L'inhumation et l'incinération étaient également connues. Les Grecs avaient l'habitude de mettre dans les tombeaux un certain nombre d'objets dont s'était servi le défunt, des pièces de monnaie et beaucoup de figurines en terre cuite.

Lecture : *Honneurs rendus aux Morts.*

TREIZIÈME LEÇON

LA GUERRE DU PELOPONÈSE (431-404)

ALCIBIADE, LYSANDRE, PRISE D'ATHÈNES 404

1° **La cause** de cette guerre fut :

a. La rivalité entre Sparte et Athènes.

b. La rivalité commerciale de la grande cité maritime Corinthe.

Entre *Sparte* et *Athènes*	oppositions de races : Doriens contre Ioniens.
	Inimitiés politiques : Sparte aristocratique. Athènes démocratique.

2° **L'occasion** : Les affaires de Corcyre (Corfou) et de Potidée, colonies de Corinthe.

Corcyre, en guerre avec Corinthe, demande appui aux Athéniens. *Potidée*, devient tributaire d'Athènes, les Corinthiens mécontents. Sparte s'unit aux Corinthiens et déclare la guerre. Athènes l'accepte.

3° **Les forces** : *Sparte* a sa discipline et le nombre. De son côté se rangent presque tout le Péloponèse, la Béotie, la Phocide, Corinthe, Mégare, etc., toutes les villes maritimes alliées, et *Perdiccas*, roi de Macédoine.

Athènes a ses richesses et sa marine. Pas d'alliances sinon avec une partie de la Thrace : mais, une flotte puissante, des généraux habiles, un matériel de guerre complet, beaucoup d'argent, des fortifications qui semblent rendre imprenables Athènes et le Pirée.

4° **Les faits** — 3 périodes :

a. **La guerre de dix ans 431-421**	*Périclès, Cléon.* Paix de *Nicias.*
b. **L'expédition de Sicile 416-413**	*Alcibiade.* Désastre de **Syracuse.**
c. **La guerre décélienne 413-404**	Le Spartiate *Lysandre.* Victoire de *Lysandre* à **Ægos Potamos.** **Athènes** capitule.

5° **Le résultat** : La puissance politique d'Athènes est ruinée pour toujours.

LES TROIS PÉRIODES

PREMIÈRE PÉRIODE. — LA GUERRE DE DIX ANS.

D'affreux massacres ensanglantèrent cette guerre.

Les Spartiates envahissent l'Attique, pendant que les Athéniens s'en vont ravager les côtes du Péloponèse et prendre Egine, sur les conseils de Périclès.

Périclès avait eu le tort d'entasser à Athènes une foule énorme de paysans, qui, bientôt, mal nourris, mal soignés, fournirent un aliment facile à une peste effroyable qui fit dans cette ville un grand nombre de victimes.

Périclès lui-même fut atteint et **mourut.**

CLÉON, simple corroyeur de son état, grossier, brutal, parvint, grâce à son éloquence, à gagner la confiance du peuple, devint le chef de la démocratie athénienne et succéda à Périclès.

Pendant ce temps, les Spartiates font le **siège de Platées**, amie d'Athènes, s'en emparent et en égorgent les habitants.

Cléon, de son côté, voyant l'exaltation et la rage des Athéniens, propose de les venger en allant égorger les habitants adultes de **Mithylène**, révoltée contre Cléon, et malgré le contre-ordre qui fut donné à Pachès, après réflexion, ce fut une horrible boucherie.

Le général athénien **Démosthène** (1) porte la guerre dans le Péloponèse et s'établit à Pylos en Messénie, en face de l'île de **Sphactérie**, où se trouvait un corps d'élite des Spartiates. Cléon le fait prisonnier.

Le grand patriote Spartiate **Brasidas**, orateur courageux et homme loyal, porte la guerre en Thrace; mais, il y fut tué ainsi que Cléon à Amphipolis (422).

Les Athéniens étaient battus.

Les deux républiques, exténuées, réclament la **paix.**

(1) Ne pas le confondre avec le grand orateur.

Les partisans de la guerre Cléon et Brasidas étant morts, il fut facile à Nicias, chef du parti aristocratique d'Athènes, de négocier **un traité** qui porta son nom. On convint d'une **trêve de 30 ans** et chacun devait rendre ses conquêtes et ses prisonniers.

Ce fut la **paix de Nicias — 421.**

DEUXIÈME PÉRIODE — L'EXPÉDITION DE SICILE 421-415

Les Spartiates refusèrent bientôt de rendre Amphipolis et quelques autres villes ; bien plus, ils contractèrent une alliance avec Thèbes et Corinthe, à l'exclusion des Athéniens. Ceux-ci, mécontents, gardent Pylos et s'unissent à Argos.

La guerre reprend.

Malheureusement Athènes, déjà ruinée, était encore affaiblie par des dissensions intestines fomentées par un homme néfaste pour elle, Alcibiade.

L'influence de Nicias disparut sous les menées de ce nouveau et redoutable chef dont il faut connaître la physionomie :

ALCIBIADE. « Singulièrement favorisé du côté de ses ancêtres, Alcibiade, de plus, avait été traité par la nature en enfant gâté ; elle lui avait donné toutes les grâces du corps et de l'esprit. Beau, brave, éloquent, généreux, il exerçait autour de lui un ascendant irrésistible dont ne se défendaient pas ses ennemis eux-mêmes, qui éprouvaient, à le voir et à l'entendre, dit Plutarque, je ne sais quel plaisir et quel attrait... il excellait à diriger une campagne ou une négociation politique, aussi bien qu'une intrigue de plaisirs.. son âme prenait feu pour le bien... le même homme qui venait d'entendre les austères leçons de Socrate paraissait ensuite dans l'agora... en compagnie d'amis tarés qui l'entraînaient à d'indignes orgies... Ses intérêts ses plaisirs même, il les sacrifia toujours à sa *vanité*. Le besoin de dominer, de faire parler de lui, telle fut sa passion... S'il a été parfois utile à Athènes, il lui a été plus nuisible encore. »

GAGNOL.

On sait qu'il coupa la queue de son chien, qui faisait l'admiration de tous, uniquement pour faire parler de lui, et c'est pour la même raison qu'il replongea sa patrie dans de grands embarras.

EXPÉDITION DE SICILE — 415-413. — Le roi de Sparte Agis venait de gagner sur les Athéniens la bataille de Mantinée (Arcadie). Ces derniers pourtant prennent l'île de Mélos, colonie dorienne, et, encouragés, ils rêvent, sur les conseils d'Alcibiade, de faire **la conquête de la Sicile**, où dominait alors **Syracuse**, une grande cité dorienne, alliée naturelle de Sparte, et qui avait pour rivale *Egeste*, cité ionienne voisine.

Alcibiade, Nicias et **Lamachos** se partagent le commandement. Le départ de la flotte fut solennel; elle fait le tour du Péloponèse. Les villes sur lesquelles Athènes comptait restent indifférentes, Egeste même ne peut rien pour eux.

Alcibiade allait mettre le siège devant **Syracuse**, quand il fut rappelé dans sa patrie pour se justifier de l'accusation d'avoir profané les statues des dieux avant son départ (**Affaire des Hermès**). Lamachos venait de mourir, Nicias se trouvait seul pour conduire une expédition qu'il réprouvait. Le siège de Syracuse fut donc fait trop tard, et pourtant, les assiégés allaient se rendre quand *Gylippe*, général spartiate, arrive, et détruit complètement l'armée athénienne dans un combat où Nicias fut tué.

Ce fut un **désastre immense pour Athènes.** Tout fut anéanti.

Pour comble de malheur, le **traître Alcibiade**, parti pour Athènes, change d'avis en route et se rend à Sparte pour soulever, contre sa patrie, les cités ioniennes.

TROISIÈME PÉRIODE
LA GUERRE DÉCÉLIENNE, 413-404

Révolution à Athènes.
Fin de la guerre, — Prise d'Athènes.

Complètement ruinée et abandonnée par ses alliés qui reprirent leur indépendance, Athènes lutta d'autant plus péniblement qu'elle fut en proie à des dissensions intestines qui la conduisaient tout naturellement à sa fin. Elle s'honora pourtant par une admirable persévérance.

1° **LA GUERRE DÉCÉLIENNE**, sur les conseils d'Alcibiade les Spartiates se rendent à **Décélie**, à quelques kilomètres d'Athènes. En même temps, le traître soulevait les villes maritimes de l'Ionie contre les Athéniens; mais il est arrêté dans ses projets, car, devenu suspect aux Spartiates, chassé par eux, il se rend à Magnésie, auprès du satrape perse Tissapherne, chez qui il vécut en grand seigneur oisif. Il désirait cependant **rentrer dans sa patrie**. Il envoie à cet effet à Athènes des émissaires chargés de le présenter comme seul capable de la sauver en lui apportant l'alliance des Perses.

2° **RÉVOLUTION**. — **Athènes** se trouvait en pleine révolution.

Fatigué de cette guerre interminable, le parti aristocratique fit d'abord disparaître les chefs populaires. Le sénat des **cinq cents** fut remplacé par **quatre cents** nobles qui décrétèrent la **gratuité** des fonctions publiques, pour en écarter le peuple, se donnèrent un pouvoir sans limites et demandèrent la paix à Sparte.

L'armée de Samos et son chef Pisandre rappellent Alcibiade qui rentre en triomphateur à cause des victoires de Sestos, Abydos et Cyzique qu'il venait de remporter. On oublia sa trahison et on fêta son retour en lui jetant des couronnes.

Sparte, de son côté, faiblissait et non seulement allait accepter la **paix** qu'un parti d'Athènes lui offrait, mais la demandait même.

Alcibiade la refuse, se met à la tête d'une nouvelle flotte de cent vaisseaux et allait achever la soumission des îles et des colonies quand se dressa devant lui un habile général spartiate **LYSANDRE**. Celui-ci réussit à entraîner dans son alliance **Cyrus**, fils de Darius qui venait d'être nommé gouverneur de l'Asie-Mineure.

Alcibiade accusé de nouveau par ses adversaires athéniens, se retire en Thrace.

L'Athénien **CONON** engage le combat sur la côte d'Eolide près des ilôts **Arginuses. (406)**. Le successeur de Lysandre à la tête des Spartiates, **CALLICRATIDAS**, y fut noyé, les soldats battus et Conon, délivré de Mitylène, où il s'était laissé bloquer.

Lysandre revient à la tête de la flotte. Cyrus lui donne l'argent nécessaire pour acheter de nouveaux vaisseaux et, ainsi secouru, il attaque Conon à **Ægos Potamos**, où les Athéniens furent défaits à tel point qu'ils n'étaient plus capables d'aucune résistance.

PRISE D'ATHÈNES (404). Aussi Lysandre ne se pressa pas d'aller prendre Athènes devant laquelle se trouvaient déjà le roi Agis et le roi Pausanias.

L'année suivante, cependant, le jour anniversaire de la bataille de Salamine, **Lysandre** entra dans **Athènes** au bruit des chants de triomphe.

Le Pirée, les Longs murs furent démolis; la flotte athénienne réduite à douze vaisseaux, et toutes les villes conquises par les Athéniens, évacuées.

Athènes tombait irrémédiablement, victime de ses divisions politiques.

Sparte triomphait, mais sans noblesse, car elle avait mendié l'argent des Perses.

Lecture : *Prise d'Athènes.*

QUATORZIÈME LEÇON

SUPRÉMATIE DE SPARTE

LES TRENTE TYRANS A ATHÈNES — RETRAITE DES DIX-MILLE

Lysandre, Agésilas, Coronée, Traité d'Antalcidas, Socrate.

1° LES TRENTE TYRANS A ATHÈNES.

Lysandre était un orgueilleux; il avait vaincu seul à Ægos-Potamos et n'eut désormais qu'un but : *Soumettre Athènes à Sparte, et soumettre Sparte à lui-même.* Rien ne l'arrêta, pas même l'assassinat.

S'étant emparé d'Athènes, il commence par y détruire la constitution de Solon et le pouvoir populaire pour y substituer le **gouvernement de trente archontes**, connus dans l'histoire sous le nom des **TRENTE TYRANS.**

Pendant les huit mois qu'ils restèrent au pouvoir, ce ne fut que délations, banissements, crimes de toutes sortes. La division se mit parmi eux. Les uns suivaient **Critias**, terroriste effréné ; les autres, **Théramène**, plus modéré, jaloux de Critias. Théramène succomba dans la lutte et mourut en buvant de la ciguë.

Deux hommes gênaient les Trente : **Trasybule** et **Alcibiade.** Le premier fut banni ; Alcibiade se trouvait auprès du satrape Pharnabase dont Lysandre sut se faire un complice : on envoya donc près d'Alcibiade des assassins qui mirent le feu à sa maison et le tuèrent quand il voulut fuir.

Mais bientôt la tyrannie des Trente fut renversée par **Thrasybule**, qui, retiré à Thèbes, en Béotie, vint avec une cinquantaine d'exilés, fit tuer Critias, déposa les tyran et rétablit les lois de Solon.

Cette chute des Trente fut suivie d'une **réaction démocratique** dont **SOCRATE** fut la plus illustre victime (400). (9e leçon).

LA RETRAITE DES DIX MILLE

Ici, se place un des épisodes les plus célèbres de l'histoire militaire des Grecs : le retour de dix mille hommes, l'**Anabase.**

Il y avait à cette époque (404), sur le trône de Perse, le fameux roi Darius. Il venait de mourir laissant deux fils : *Artaxerxès* et *Cyrus* (*le jeune*). Tous deux voulaient régner.

Artaxerxés l'emporta, mais laissa, par générosité, à son frère le gouvernement de l'Asie-Mineure. **Cyrus** s'établit à **Sardes** et forma le projet d'aller détrôner son frère.

Il chercha des soldats en Grèce, et, attirés par ses promesses éblouissantes, de nombreux **mercenaires**, c'est-à-dire des gens déclassés que les troubles d'Athènes laissaient inoccupés, ou qui avaient été chassés de leur pays, s'engagèrent sous la conduite de Cyrus. Ils se trouvèrent ainsi dix mille soldats dont Cyrus augmentait la solde, à mesure qu'on avançait sur Artaxerxès qui était d'abord introuvable, lorsque, un beau jour, à **CUNAXA**, sur la rive gauche de l'Euphrate, la bataille s'engagea.

Les mercenaires grecs étaient commandés par **Cléarque**, général spartiate. Cyrus se précipitait sur son frère en disant : Je vois l'homme ! quand il fut tué d'un coup de lance à l'œil. Les soldats de Cyrus, voyant leur chef mort, s'enfuient, les Grecs restaient victorieux sur le champ de bataille ; mais le satrape Tissapherne attire les chefs grecs et les égorge dans sa tente ; voilà donc les 10.000 mercenaires, sans guides, abandonnés à eux-mêmes à 500 lieues de leur pays.

La situation était critique ; alors parut l'athénien **XÉNOPHON**, venu là en curieux pour suivre un des chefs qui était son ami. Xénophon se met à leur tête pour les rapatrier après avoir relevé leur courage.

Il nous a laissé le récit de cette retraite mémorable dans son livre : l'*Anabase*. Il triompha de tous les obstacles que présentaient des routes inexplorées, depuis les bords du Tigre, jusqu'aux rives du Pont-Euxin, (Mer Noire) et ces dix mille Grecs, après deux ans de fatigues inouïes et des marches difficiles, rentrèrent enfin dans leur patrie.

HÉGÉMONIE DE SPARTE

Sparte dominait dans la Grèce d'une façon tyrannique. Elle se crut tout permis, c'est ce qui la perdit : après une hégémonie de 30 ans, elle devait être supplantée par *Thèbes*, un petit État qui se plaça tout à coup au premier rang.

Les cités ioniennes venaient d'être attaquées par les Perses ; Sparte, à l'appel de ces colonies, intervint, essayant ainsi de justifier **sa domination** par des entreprises contre les Perses. L'unique résultat fut d'achever **l'épuisement de la Grèce.**

Ses généraux *Thymbron* et *Dercyllidas* (399) guerroyèrent avec assez de succès, pendant trois ans, contre **Tissapherne** et **Pharnabase**, satrapes jaloux l'un de l'autre, mais le roi de Perse arma alors une grande flotte et Sparte décida qu'un de ses rois, **Agésilas**, irait porter la guerre en Asie (396).

AGÉSILAS était arrivé au trône grâce à l'appui de *Lysandre,* qui avait espéré régner sous son nom, mais Agésilas fut plus fin que son prétendu protecteur : « Sous un extérieur plus que modeste, car il était petit et boiteux, il cachait une âme ardente, une intelligence extraordinairement éveillée, une volonté de fer et un vif sentiment de sa dignité. » — GAGNOL.

Il eut une grande influence sur ses soldats, car il passait, à juste titre, pour un homme supérieur.

Il augmente son armée, aguerrit ses soldats et part en Asie-Mineure, où le suit **Lysandre**. Agésilas fit sentir à ce dernier qu'il voulait être le **premier**. Bientôt, d'ailleurs. Lysandre est tué par les Thébains à la bataille d'*Haliarte*.

Cette défaite des Spartiates encourage Thèbes, Athènes, Corinthe et Argos qui forment une confédération contre Lacédémone, et sont aidées par les subsides que leur fournit Tissapherne; puis, en 394, l'Athénien *Conon* détruit à **CNIDE** la flotte spartiate.

Enfin une grande bataille s'engagea à **CORONÉE. 394.** Agésilas remporta la victoire, fut blessé et rappelé à Sparte par les Ephores pour tenir tête à la ligue des Athéniens. Il partit donc, la rage au cœur, après avoir licencié son armée.

Athènes, enhardie par le succès de *Cnide*, relevait ses murs grâce à l'argent des Perses.

Sparte, inquiète de cette résurrection de sa rivale, crut plus prudent de terminer la guerre avec le Grand Roi; elle dépêcha donc auprès d'Artaxerxès un envoyé habile, **ANTALCIDAS**, qui négocia et obtint le fameux traité qui porte son nom (387).

Traité d'Antalcidas. — Voici la teneur de ce traité, d'après Xénophon : Le roi Artaxerxès regarde comme juste que les villes situées en Asie, ainsi que les îles de Clazomène et de Cypre, soient sa propriété, et que les autres villes grecques, petites et grandes, soient toutes rendues indépendantes, à l'exception de Lemnos, Imbros, Scyros, qui appartiendront, comme par le passé, aux Athéniens. Tous ceux qui n'accepteront pas cette paix, je leur ferai la guerre avec ceux qui l'acceptent, et cela, sur terre et sur mer, n'épargnant ni vaisseaux ni argent. »

Toutes les cités grecques d'Europe étaient isolées ou impuissantes; celles d'Asie, livrées aux Perses.

Ce traité déshonorait Sparte qui sacrifiait l'unité nationale de la Grèce au profit de sa haine pour Athènes. Elle

n'en perdit pas moins l'hégémonie que *Thèbes* allait lu
ravir.

Lecture : *Socrate*.

QUINZIÈME LEÇON

SUPRÉMATIE DE THÈBES

PÉLOPIDAS ET ÉPAMINONDAS

371 — Leuctres et Mantinée — 362

Les *Spartiates* ne craignaient plus rien d'Athènes. Dan leur désir de dominer partout, ils avaient fait mettre un garnison dans toutes les villes de la Béotie, pays rich et fertile dont la principale, **Thèbes**, prenait une impor tance qui les inquiétait.

Maîtres sur mer et sur terre, ils avaient trouvé l moyen d'humilier Argos, de détruire Mantinée en Arcadie et de relever les murs de Platée qui voulait bien lutte pour eux.

Thèbes cependant leur résistait, et avec elle toute l Béotie. Alors, le Spartiate **Phœbidas** s'empare de la cita delle de Thèbes, **LA CADMÉE**, y met une garnison e pendant trois ans, opprime la ville. De plus, il fait assas siner à Athènes les Thébains qui y étaient exilés.

C'en fut trop. Parmi ces bannis persécutés se trouva un homme : **Pélopidas.** Cet homme avait à Thèbes u ami intime : **Épaminondas**.

Ces deux patriotes réussirent, non seulement à délivre *Thèbes,* mais à lui faire prendre, en Grèce, le premie rang à la place de *Sparte.*

PÉLOPIDAS avait un tempérament fougueux, brav même imprudent, plein d'activité et de chaleur. Riche noble, généreux envers les pauvres, il avait connu *Épaminondas* dans le bataillon thébain qui, pendant la guerre du Péloponèse, combattait **pour Sparte.** Il s'était lié avec lui d'une étroite amitié, et c'est, unis fortement, qu'à cette heure, ils allaient combattre **contre Sparte.**

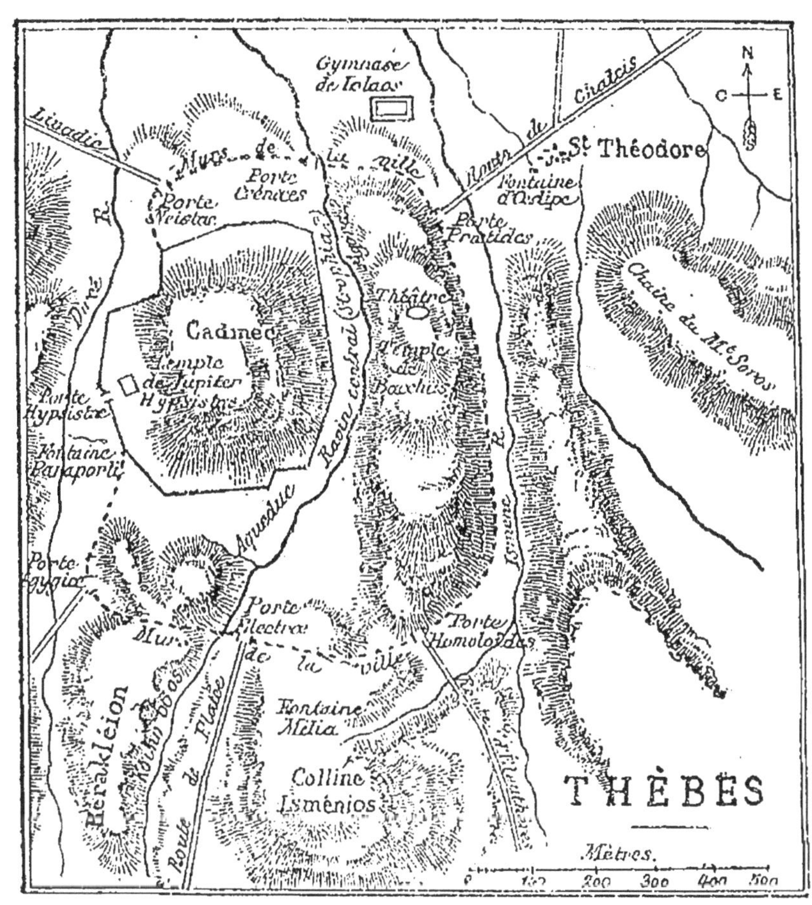

ÉPAMINONDAS était un modeste qui se faisait gloire de sa pauvreté ; esprit pondéré, prudent, austère, grave et probe. Ces deux amis se complétaient admirablement ; aussi, firent-ils des merveilles, poussés par le même amour de leur commune patrie.

Le bouillant *Pélopidas* avait été banni.

Le tranquile *Épaminondas* ne fut pas inquiété.

Tous deux allaient travailler pour le même but.

Pélopinas commença. Il partit secrètement d'Athènes avec douze compatriotes et trouva une ruse pour entrer dans Thèbes, un certain soir. Les chefs spartiates étaient réunis pour un festin. On les prévient que les Thébains complotent : « A demain les affaires sérieuses ! » dit Archias, l'un d'entre eux. Quelques instants après, les conjurés déguisés entrent et égorgent tous ces chefs, échauffés par l'orgie. Le bruit s'en répand en ville. Epaminondas se joint à Pélopidas pour appeler le peuple à la défense de la liberté. Les exilés reviennent, **La Cadmée est reprise,** les Spartiates expulsés, les hostilités sont commencées (379).

1° Athènes et Thèbes contre Sparte.
2° Athènes et Sparte contre Thèbes.

1° **CONTRE SPARTE.** — Pélopidas réorganise le **Bataillon sacré,** composé de 300 jeunes gens d'élite, unis par l'amitié deux par deux, destinés à combattre au premier rang et décidés à mourir plutôt que de reculer.

Épaminondas, en habile général, se charge de combiner les mouvements obliques de l'armée contre la phalange des Spartiates. Les Athéniens se mettent d'abord du côté de Thèbes. A leur tête, se trouvent *Chabrias* et *Iphicrate* le chef de la redoutable infanterie légère des Athéniens.

Leuctres. — La première bataille se livre à *Leuctres* en Béotie. Cléombrote, roi de Sparte, y est tué avec mille de ses hommes. *Épaminondas* y remporte la plus glorieuse victoire que jamais les Grecs ont remportée sur d'autres Grecs. Les Thébains sont dans l'enthousiasme et nomment les deux amis vainqueurs Gouverneurs de la Béotie.

La domination de Sparte est anéantie.

Celle de Thèbes commence. C'est l'**apogée** de sa grandeur.

Mais... les Athéniens sont jaloux.

Non seulement ils ne donnent plus de secours à Thèbes mais font alliance avec les Spartiates contre cette ville.

2° **CONTRE THÈBES.** — Le roi Agésilas reprend confiance.

Epaminondas, contrarié dans ses projets par la défection des Athéniens, s'avance, **une première fois** (370), en Laconie et va assiéger Sparte, mais il ne peut prendre cette ville.

Mécontents, les Thébains le rappellent, veulent le condamner à mort et finissent par le rétablir dans son commandement.

Une seconde fois, il retourne dans le Péloponèse (368). L'Athénien **Chabrias** le repousse. Aucun homme n'est tué à cette bataille de Midée, ce qui l'a fait rappeler la **Victoire sans larmes,** des Spartiates.

Pendant ce temps, Pélopidas combattait en Thessalie.

Le roi Jason venait d'y fonder une puissance redoutable qui avait des vues sur la Grèce. A la mort de Jason, son neveu **Alexandre de Phères** s'empare du pouvoir ; Pélopidas y court, signe un traité d'alliance avec Artaxerxès Mnémon, roi des Perses, qui reconnaît l'hégémonie de Thèbes, mais tombe sous les coups d'Alexandre à **Cynocéphales** (têtes de chiens, hauteurs de la Thessalie). Les Thébains furent cependant victorieux.

Pélopidas est tué. Épaminondas restait seul dépositaire du pouvoir.

Mantinée. — La guerre avait repris dans le Péloponèse. Agésilas, très âgé, rencontra Épaminondas sous les murs mêmes de **Mantinée** 362 (Arcadie). Les Thébains allaient remporter la victoire quand ce dernier reçut en pleine poitrine une lance dont le fer se brisa dans la plaie. On l'emporta sur son bouclier et les médecins ayant déclaré qu'il mourrait dès qu'on aurait enlevé le fer de la plaie, Épaminondas s'informa du résultat de la bataille. Quand il sut que son armée était victorieuse, il s'écria : « **Je laisse Thèbes triomphante et deux filles immortelles : Leuctres et Mantinée.** » Puis, retirant le fer de sa blessure, il expira.

Fin de l'Hégémonie thébaine.

Thèbes avait perdu les deux hommes qui pussent lui assurer l'hégémonie. Elle n'avait plus, avant de retomber dans sa première obscurité, qu'à faire la paix avec Sparte, qui, comme Athènes, était affaiblie par de nombreuses guerres. Un modeste équilibre s'établit entre *Athènes*, *Sparte* et *Thèbes*.

Il n'y a plus en Grèce que des ruines de peuples et de cités. Le vieux roi Agésilas s'en alla mourir obscurément (361) dans une expédition en Égypte.

Il ne restait plus un seul homme capable de relever la Grèce ; il n'y a plus à cette époque de cité dirigeante.

La Grèce vieillit. Ses forces la trahissent. Elle tentera encore un suprême effort avec **Démosthènes**, mais hélas ! inutile, elle perd de plus en plus sa virilité.

Aussi devient-elle une proie facile pour sa voisine nouvelle : **LA MACÉDOINE.**

Philippe paraît !

Lecture : *Mort d'Epaminondas à Mantinée.*

SEIZIÈME LEÇON

SUPRÉMATIE DE LA MACÉDOINE — PHILIPPE

1° LA MACÉDOINE

1° GÉOGRAPHIE.

Bornes
- au sud — mer *Égée*, Mt *Olympe*, *les* Mts *Combuniens* qui la séparent de la Thessalie,
- à l'Ouest — la chaîne du Pinde la sépare de l'Illyrie,
- au Nord — Mt *Orbellos* (Les Balkans aujourd'hui).
- à l'Est Mt *Rhodopes*. — *La Thrace*.

Fleuves
- Le *Strymon*, dont la vallée unit la Macédoine à la Thrace,
- l'Aliacmon, l'Axios dont les vallées forment la Macédoine même.

Provinces
- *L'Emathie* — ville principale, **Œga** — (Edesse),
- La *Chalcidique*. **Olynthe, Potidée.**

Le littoral cependant formait les principales **colonies grecques**, en particulier, *Amphipolis, Potidée, Olynthe, Méthone* et *Pydna*.

2° **ORIGINES**. Cette vaste contrée du nord de la Grèce avait été primitivement un pays grec, dont les habitants, montagnards sauvages, prétendaient descendre d'Hercule; le premier chef aurait été **Perdiccas**, vers 700 avant J.-C., puis le premier roi, **Alexandre**, mêlé aux guerres médiques. Leur nom viendrait de *Macednes*, peuplade qui s'établit en Emathie. Leur capitale fut d'abord **Œga**, puis **Pydna**.

Histoire obscure sous *Alexandre*, *Perdiccas* et *Archélaüs*.

Leur successeur *Amyntas* laisse 3 fils
- **Alexandre II** tué par un Ptolémée.
- **Perdicas III** tua ce Ptolémée.
- **Philippe**, donné en otage à Pélopidas qui l'emmena à Thèbes.

2° PHILIPPE

1° **PORTRAIT** Ce fils *d'Amyntas*, qui a véritablement fait la grandeur de la Macédoine avait été élevé à Thèbes, où affluaient à ce moment les savants, les philosophes et les guerriers. Il y connut ainsi Épaminondas, de qui il apprit la science du gouvernement et de la tactique militaire ; « homme souple et hardi, dit M. Duruy, entreprenant et rusé, avide de gloire et l'allant chercher partout, même dans le péril, d'une activité indomptable, servie par une santé de fer ; n'ayant rien du tyran, affable, clément, généreux, pourvu que ces qualités aidassent à ses desseins ; par-dessus tout, d'une ambition dévorante qui, au besoin, passait sur le corps de la justice pour atteindre et saisir la fortune ; l'idéal, en un mot, de la politique, si la politique est le succès. »

2° **SA POLITIQUE** { à l'intérieur. à l'extérieur.

a. **A l'Intérieur.** 1° Il réorganise la Macédoine : armées finances, administration.

2° Il fait élever à la cour les enfants des familles nobles, pour s'assurer leur obéissance et en faire des gardes du corps.

3° Il étend les frontières du pays en refoulant à droite les Illyriens, à gauche les Thraces, et en les soumettant.

4° Il enlève aux Grecs leurs principales colonies qui barraient à la Macédoine l'accès du littoral : Amphipolis, Pydna, Potidée.

5° Il se marie avec la fille du roi d'Epire, Olympias, qui lui donna son fils le grand **Alexandre**.

Le même jour, il avait reçu trois bonnes nouvelles :

Succès de son meilleur général Parménion contre les Illyriens.

Son propre succès aux jeux olympiques.

La naissance de son fils.

Tout lui réussissait.

Dans la réorganisation de l'armée, il faut faire une place à sa fameuse **phalange**, qui, après avoir conquis une partie du monde, n'a succombé que devant la légion romaine.

« La **PHALANGE** des Macédoniens, dit M. Seignobos, était formée de 16,000 hommes rangés sur 1,000 hommes de front et 16 de profondeur. Chacun avait une **sarisse,** pique longue de 6 mètres. Sur le champ de bataille, les Macédoniens, au lieu de marcher à l'ennemi en se tournant tous du même côté, se tenaient immobiles et présentaient leurs piques à l'ennemi de tous côtés, ceux de derrière tenant leur pique couchée par-dessus la tête des hommes des premiers rangs. La phalange ressemblait

« à une bête monstrueuse hérissée de fer », contre laquelle l'ennemi venait se briser. — Pendant qu'elle gardait le champ de bataille, Alexandre chargeait l'ennemi, à la tête de ses cavaliers. Cette cavalerie macédonienne était un corps d'élite formé des jeunes nobles. »

b. **A l'Extérieur.** Une fois son royaume bien constitué, Philippe voulut réaliser, sous sa domination, l'unité du monde hellénique. Athènes, Sparte et Thèbes n'avaient pas réussi à former cette unité nationale des Grecs. Philippe rêva cette conquête, son fils **Alexandre** devait la réaliser. Il intervient donc dans les affaires des Grecs déchirés à ce moment par trois guerres civiles :

la guerre Sociale, la 1re et la 2e guerre sacrée.

LA GUERRE SOCIALE (357.) Le fameux *Mausole*, roi de Carie, aspirait à se créer un empire sur les ruines de la Confédération athénienne. Il favorisa donc le soulèvement des alliés, traités brutalement par les Athéniens, et en particulier de Chios, Cos, Rhodes et Byzance qui se révoltèrent. Le roi de Perse vient à leur secours.

Philippe profite des embarras d'Athènes pour s'emparer d'Amphipolis, de Pydna, de Potidée. Athènes incapable de résister, signe une paix honteuse ; cette ville est épuisée dans son prestige et ses finances.

LA GUERRE SACRÉE eut deux périodes { 1° **EN 356,** 2° **DE 339 A 336.**

La **première** guerre (355) eut pour cause le refus des Phocidiens de payer aux Béotiens l'amende qui leur avait été imposée par le tribunal religieux des Amphictyons, pour avoir violé le terrain consacré à Apollon, en le labourant.

De plus, les Phocidiens s'emparent du trésor de Delphes, Thèbes qui les avait accusés, les combat, avec l'aide des Thessaliens, Philippe, alors, se pose en défenseur de la religion et bat les Phocidiens. Il profite de ce succès pour s'emparer de plusieurs positions maritimes de Thessalie et pour tenter un coup de main sur les Thermopyles, qu'il trouve gardées (352).

Alors paraît **Démosthènes**, le célèbre orateur athénien, le plus grand de l'antiquité.

Ce patriote fut pour Philippe un ennemi sérieux ; il mérite qu'on lui consacre une leçon spéciale, où nous résumerons en même temps la **seconde** période de la guerre Sacrée.

Lecture : *La Phalange macédonienne.*

DIX-SEPTIÈME LEÇON

LA MACÉDOINE — PHILIPPE (*Suite*).

EN GRÈCE : DÉMOSTHÈNES

DÉMOSTHÈNES, « Fils d'un riche fabricant d'armes et d'une mère scythe, Démosthènes avait perdu son père dès l'enfance. Son bien fut lapidé par ses tuteurs et il étudia l'art oratoire pour les contraindre à lui restituer sa fortune en les attaquant devant les tribunaux... Pour devenir le premier orateur que la Grèce ait jamais produit, il ne suffit pas à Démosthènes de connaître à fond les ressources de l'art oratoire. Apprendre à parler, ce fut aussi, pour lui, apprendre à penser Il étudia dans l'histoire le caractère d'Athènes, et le livre de Thucydide fut pour lui l'objet d'une lecture assidue. Il se pénétra des nobles idées de la philosophie socratique et Platon l'eut peut-être pour auditeur. La législation, l'administration, les finances furent aussi l'objet de ses travaux. Doué d'un caractère élevé et sévère, il considéra comme une sorte de mission d'être le conseiller du peuple athénien et s'y appliqua avec une puissance d'esprit et une ténacité qui ne se démentirent jsmais jusqu'à son dernier jour (1). »

Philippiques. — Au moment donc où Philippe, après sa tentative contre les Thermopyles, s'avançait sur

(1) VAN DEN BERGH, *Petite histoire des Grecs* (410).

Byzance, qui approvisionnait Athènes, Démosthènes monta à la tribune (351) et prononça la première de ses quatre **Philippiques**, ou harangues contre le roi de Macédoine. « Quand donc, Athéniens, s'écria-t-il, quand ferez-vous votre devoir, et qu'attendez-vous? quelque événement nouveau? ou même, justes dieux! quelque nécessité qui vous contraigne?... voulez-vous, dites-moi, aller toujours par la place publique, vous demandant les uns aux autres : « Eh bien! que dit-on de nouveau? » — Eh! que se peut-il de plus nouveau qu'un homme de Macédoine qui triomphe d'Athènes et domine en Grèce? — Philippe est-il mort? non, mais il est malade. — Et que vous importe, puisque, s'il venait à mourir, votre indolence vous aurait fait un autre Philippe... Ce qu'il faut c'est une armée d'Athènes... vos mercenaires jettent en passant un coup d'œil sur la guerre où vous les envoyez; puis, ils s'en vont avec la flotte chez Artabaze ou ailleurs. Le général les suit, il le faut bien; comme il ne peut payer, il ne peut commander. »

L'armée n'était en effet composée que de mercenaires, qui, payés irrégulièrement, s'en allaient piller chez les alliés (cause de la guerre sociale). Les Athéniens préféraient jouir et ne rien faire.

Deux partis se trouvèrent donc en présence :

Le parti de la paix : orateurs vendus, comme *Eschine*, à la Macédoine; patriotes comme *Isocrate;* général comme *Phocion*, qui ne croyait pas Athènes capable de résister à Philippe.

Le parti de la guerre dirigé par *Démosthènes*, *Lycurgue* et *Hypéride*.

Olynthiennes. — Philippe resta deux ans tranquille dans les plaisirs à Pella et en 357 prit **Olynthe**, ville principale de la Chalcidique, malgré les **trois discours** de Démosthènes (OLYNTIENNES) dans lesquels il demandait aux Athéniens de secourir Olynthe.

Le roi de Macédoine, s'étant emparé de toute la Chalcidique, occupait, pour ainsi dire, comme le boulevard de la Grèce. Il n'avait plus qu'à y entrer; les circonstances le favorisèrent.

Il amusa les Athéniens par des négociations, secondé par la trahison d'Eschine que gagnèrent les présents des Macédoniens, et s'empara de la Chersonèse.

Il met fin à la première période de la guerre sacrée en faisant la paix avec les Athéniens, à l'exclusion des Phocidiens dans le pays desquels il s'établit en maître, puis retourne en Macédoine.

Pendant ce temps de paix, Démosthènes réorganise la marine à la tête des patriotes d'Athènes. Ceux-ci décident d'envoyer *Phocion* avec des vaisseaux en Eubée, où il fut assez heureux pour en chasser les Macédoniens, pour obliger ensuite Philippe à abandonner Byzance.

2me **période de la guerre sacrée.** — C'est alors (339) qu'Eschine provoqua la 2me période de la guerre sacrée.

Eschine, nommé député à l'assemblée des amphictyons, accusa les Locriens d'avoir cultivé un champ consacré à Apollon. Le Conseil envoie des enquêteurs qui sont mal reçus par les Locriens, et charge Philippe d'aller châtier ces derniers.

Le roi de Macédoine franchit les Thermopyles, oublie les Locriens, s'empare d'Elatée, en Phocide, ce qui le rendait maître du passage en Béotie, et déclare la guerre à Athènes.

Les Athéniens, effrayés et persuadés par l'éloquence de Démosthènes s'unissent aux Thébains. La rencontre des Grecs et des Macédoniens se fait à **Chéronée**, en Béotie (338).

CHÉRONÉE. — Cette bataille, rude et sanglante, fut fatale aux Grecs. Le **Bataillon sacré** des Thébains fut anéanti, la **Phalange** macédonienne triompha, et ce succès fut dû en grande partie au fils de Philippe, le jeune **Alexandre,** qui s'y montra très fougueux.

Une nouvelle période de l'histoire grecque commence donc à cette défaite de Chéronée (338), où disparaît pour toujours l'indépendance politique des villes de l'Hellade.

La Grèce avance dans sa vieillesse pour mourir bientôt avec le démembrement de l'empire d'Alexandre.

PAIX DE DÉMADE. — Philippe châtia sévèrement Thèbes qui fut aux trois quarts détruite, enleva à Sparte son territoire et accorda à Athènes la paix négociée par *Démade*, un Athénien quelconque pris sur le champ de bataille.

Athènes, par cette paix votée en l'absence de Démosthènes, perdait sa propre indépendance et celle de toute la Grèce en reconnaissant l'hégémonie macédonienne.

MORT DE PHILIPPE. — Maître de la Grèce, Philippe annonce dans le conseil des Amphictions de Corinthe son intention de délivrer les Grecs asiatiques de la domination persane, de venger l'invasion de la Grèce par Xerxès. et faisait les préparatifs de son expédition en Perse, lorsque, retardé par des querelles de famille, brouillé, puis réconcilié avec son fils **Alexandre**, il fut tué d'un coup d'épée par un noble macédonien du nom de Pausanias (336).

Il avait 47 ans d'âge et 24 de règne.

Lecture : *Débuts de Démosthènes.*

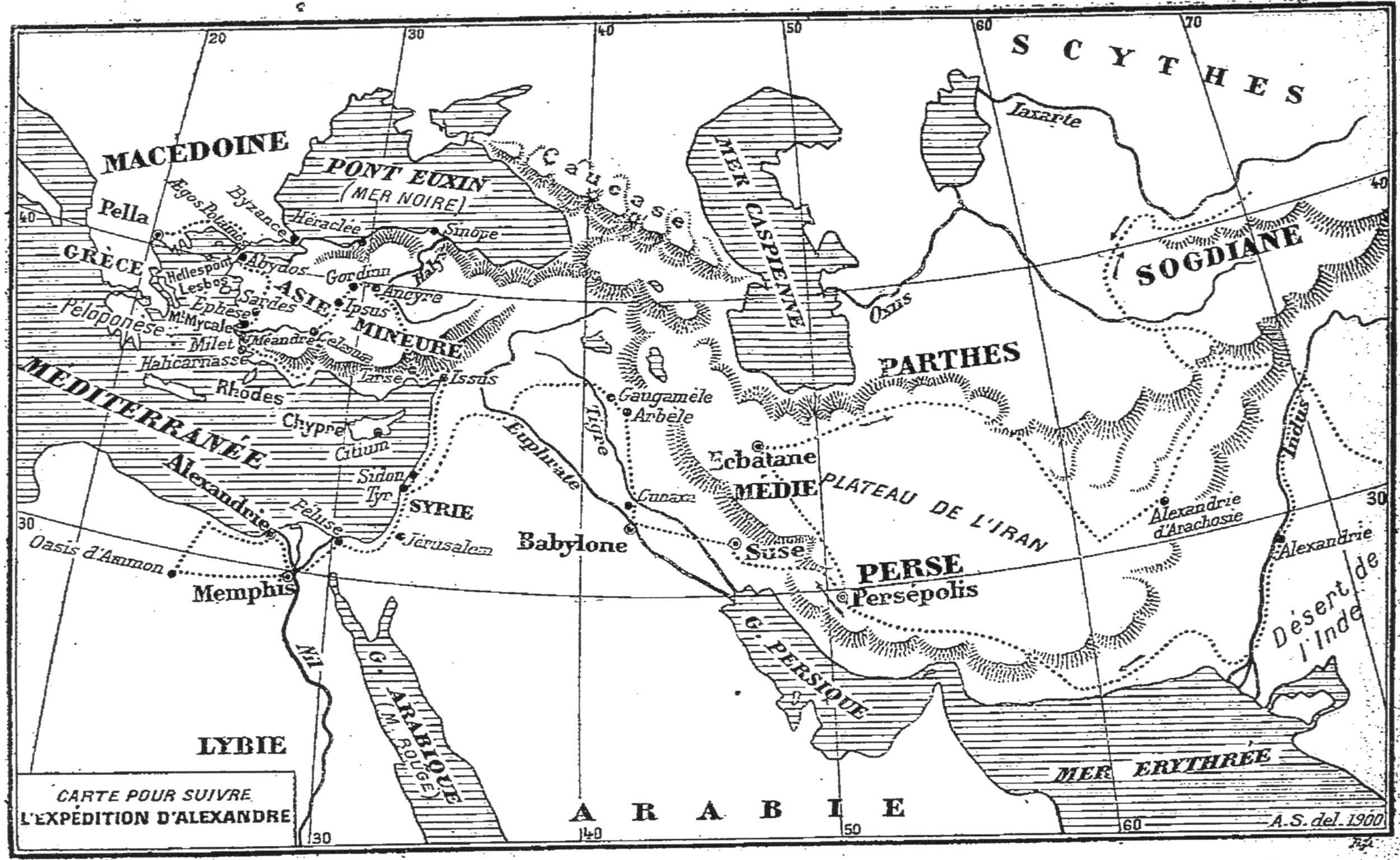

CARTE POUR SUIVRE
L'EXPÉDITION D'ALEXANDRE

MACEDOINE
Pella
Ægos Potamos
Byzance
GRÈCE
Hellespont
Abydos
Lesbos
Péloponèse
Éphèse
Sardes
Mt Mycale
Milet
Méandre
Halicarnasse
Rhodes
PONT EUXIN
(MER NOIRE)
Héraclée
Sinope
Halys
Gordium
Ancyre
ASIE
Ipsus
MINEURE
Celænæ
Tarse
Issus
Caucase
MER CASPIENNE
Oxus
Iaxarte
SCYTHES
SOGDIANE
PARTHES
MÉDITERRANÉE
Chypre
Citium
Sidon
Tyr
SYRIE
Jérusalem
Alexandrie
Péluse
Oasis d'Ammon
Memphis
Nil
LYBIE
G. ARABIQUE
(M. ROUGE)
Euphrate
Tigre
Gaugamèle
Arbèle
Cunaxa
Babylone
Ecbatane
MÉDIE
PLATEAU DE L'IRAN
Suse
PERSE
Persépolis
G. PERSIQUE
ARABIE
Alexandrie d'Arachosie
Indus
Alexandrie
Désert de l'Inde
MER ERYTHRÉE
A.S. del. 1900
20
30
40
50
60
70

QUATRIÈME PARTIE

VIEILLESSE DE LA GRÈCE

Du Deuxième au Premier siècle.
Depuis l'hégémonie macédonienne jusqu'à la Conquête romaine.

QUATRE LEÇONS

1° Hégémonie de la Macédoine — Alexandre.
2° Les lettres, sciences et arts.
3° Les Lagides et les Séleucides — Ptolémée et Séleucus. Alexandrie — Pergame — L'esprit grec en Orient.
4° Les ligues Achéenne et Etolienne — L'esprit grec en Occident — La conquête romaine.

VIEILLESSE DE LA GRÈCE

DIX-HUITIÈME LEÇON

SUPRÉMATIE MACÉDONIENNE

ALEXANDRE (336-323).

1° **Son enfance.**

2° **Ses débuts** { **châtier les Grecs révoltés.** / **détruire Thèbes.**

3° **Son expédition. Conquête de** { **l'Asie-Mineure.** / **la Syrie.** / **l'Égypte.** / **la Perse.** / **l'Inde.**

4° **Sa mort.**

1° **SON ENFANCE.** — *Alexandre* avait vingt ans quand son père fut tué. Il était né en 356, le jour du triomphe de Philippe aux jeux olympiques, ce jour-là même qu'un insensé, **Erostrate**, mit le feu au temple d'Éphèse pour faire parler de lui.

Alexandre fut formé par *Aristote* l'un des plus grands philosophes de la Grèce. « Peu sensible, dit M. Gagnol, aux plaisirs grossiers qui étouffent tant d'heureux génies, il n'avait qu'une passion, celle de la gloire. Son héros était Achille et son livre favori l'Iliade, dont il eut toujoursplus tard un exemplaire avec son épée sous son chevet. » Son courage se montra unjour que lesgénéraux de son père refusaient un cheval difficile à dompter, le fameux **Bucéphale**. Alexandre se rendit facilement maître de cette bête qui lui servit plus tard dans ses expéditions.

2° **SES DÉBUTS.** — Il fit d'abord mettre à mort *Pausanias* et ses complices, les meurtriers de son père.

A la mort de Philippe, Athènes, poussée par **Démosthènes**, Thèbes, Argos, Corinthe, Sparte se soulevèrent contre ce nouveau roi de 20 ans. Alexandre châtie aussitôt les révoltés, prend et saccage *Thèbes* (335) à l'exception de la maison de Pindare ; mais les Thébains sont massacrés et leur ville rasée. La Grèce épouvantée se soumet, excepté le fameux philosophe de Corinthe, **DIOGÈNE**, qui dit un jour à Alexandre : « Ote-toi de mon soleil. » Alexandre retourne en Macédoine.

3° **SON EXPÉDITION** (1). — L'empire des Perses était trop immense pour être bien organisé et fort. Il était, de plus, souvent mêlé aux affaires des Grecs.

Maître de la Grèce, Alexandre craignait-il une nouvelle alliance contre lui ? Ou bien est-il vrai qu'il conçût réellement un plan grandiose en rapprochant dans une union féconde le monde grec et le monde asiatique dans l'espoir d'obtenir ainsi des résultats impérissables pour le progrès général de l'humanité ?

Toujours est-il qu'il rêva de continuer les projets de son père et qu'il réalisa de grandes conquêtes, trop grandes pour être durables.

Il nomme son général **Antipater** régent de Macédoine et il part.

a. **Conquête de l'Asie Mineure (334).**

Parti de Pella à la tête d'une armée peu nombreuse mais composée de vieux soldats, il franchit l'Hellespont et attaque d'abord les satrapes de l'Asie-Mineure. Les mercenaires grecs, à la solde des Perses, le rencontrent

(1) Il faut absolument suivre cette expédition sur une carte.

sur les rives d'une petite rivière, **Le Granique (334)**. Il les défait suivi personnellement par **Cliton**, marche sur **Sardes**, est reçu en triomphe dans Éphèse, soumet les villes de Milet, d'Halicarnasse, coupe le **nœud gordien** dans le temple de Jupiter à Gordium, en Galatie (1), manque de mourir en prenant, plein de sueur, un bain trop froid dans le **Cydnus**, près de Tarse en Cilicie; il est sauvé par son médecin Philippe en qui il avait eu confiance, malgré son général, et rencontre à **Issus** le roi des Perses, *Darius Codoman* 333. Toute l'Asie-Mineure était conquise par Alexandre.

b. **Conquête de la Syrie et de la Phénicie. (322).**

Le roi des Perses, Darius, prince doux et paisible n'était certainement pas l'homme de la situation, capable de tenir tête au roi de Macédoine. De plus, la Perse était en pleine décadence. Darius devait être son dernier roi.

Il avait assemblé à **Issus** une nombreuse armée, mais c'était plutôt une multitude confuse; Alexandre, grâce à la discipline de ses excellents soldats, en eut vite et facilement raison. **Darius s'enfuit**. Alexandre fait même prisonnière toute la famille royale persane, il la traite avec magnanimité en lui rendant la liberté ; il se rend maître des satrapies du littoral, de toute la Phénicie, ne trouve de résistance qu'à Tyr, bâtie dans une île. Il en fait le siège et ne l'emporte d'assaut qu'au bout de 7 mois, grâce à une chaussée qu'il fait construire entre le continent et la ville, — Tous les habitants sont châtiés, 8.000 avaient péri dans le siège, 2.000 sont pendus et 30.000 vendus comme esclaves. La Syrie était conquise (332).

c. **Conquête de l'Égypte (332).**

On peut dire que l'Égypte, lasse de la domination persane, ne fit aucune résistance. **Memphis** fut prise, Alexandre y fut même reçu avec déférence par les prêtres d'Apis dont il respecta la religion, et qui le re-

(1) D'après l'oracle, l'empire d'Asie appartiendrait à celui qui dénouerait le fameux nœud qui attachait le char de Gordius, simple laboureur, devenu roi de Phrygie.

connurent fils de Jupiter Ammon. Il profita de ces bonnes dispositions pour jeter les fondements d'une ville qui devait remplacer Tyr, détruite, et servir de centre pour le commerce entre l'Europe, l'Asie et l'Afrique; cette ville prit son nom: **ALEXANDRIE.**

d. **Conquête de la Perse (331).**

N'ayant pu obtenir la paix demandée, Darius réunit une nombreuse et incohérente armée de Perses et d'Indiens. Le roi de Macédoine, au lieu de marcher sur Babylone, traversa l'Euphrate, au gué de Thapsaque, le Tigre près de Gaugamèle, pour rencontrer Darius dans la plaine **d'Arbelles.** La bataille ne fut qu'une déroute pour l'armée de Darius qui s'enfuit encore une fois.

La Perse était définitivement ouverte à Alexandre qui prend Babylone en passant, puis Suse la capitale et Persépolis la grande ennemie des Grecs qui la pillèrent. Alexandre se mit alors à la poursuite de Darius, mais le roi de Perse était à ce moment tué par un satrape, Bessus. Le corps de Darius reçut d'Alexandre de royales funérailles.

e. **Conquête de l'Inde.** — L'orgueil s'empara alors du cœur d'Alexandre. De riches trésors avaient été trouvés dans les villes perses. Dans une des orgies auxquelles il se livrait, il tua un de ses amis, **Clitus,** qui lui avait sauvé la vie au Granique. Son caractère change, il subit l'influence des mœurs orientales; lui, si modéré, si maître de lui-même, s'abandonne au luxe et à la débauche, et devient assez cruel pour faire assassiner ou lapider ses meilleurs généraux qui le gênent dans son intempérance, comme **Parménion, Philotas,** le philosophe **Callisthène.**

Bientôt il se croit au-dessus de l'humanité et prétend s'ériger en dieu. Il n'avait plus d'ennemis à combattre, il s'avance donc à travers les contrées de l'Asie centrale, parcourt le plateau de l'Iran, fonde sur l'Iaxarte une nouvelle Alexandrie, soumet Porus, un puissant prince de l'Inde, mais ne peut arriver au Gange (326), car son armée refuse de marcher en avant. Il s'arrête, mais il est cependant obligé de penser au retour.

4° **SA MORT**. — Il reprend donc la route de Perse, se fait offrir de magnifiques fêtes à **Suse**, pendant que le chef de sa flotte **Néarque**, accomplit au delta de l'Indus au golfe persique un retour difficile qui dura 10 mois.

De Suse, Alexandre descend au golfe persique et se dirige sur **Babylone (324)**, qu'il choisit pour résidence définitive. Il y perd son meilleur ami, **Hephestion**, auquel il fait de magnifiques funérailles.

Alexandre est atteint l'année suivante d'une **fièvre** pernicieuse et en meurt, usé par des excès de tous genres. dans sa 33e année.

Ses courtisans lui ayant demandé à qui il laissait l'empire il répondit : « **Au plus digne !** »

Lecture : *Passage du Granique.*

DIX-NEUVIÈME LEÇON

ALEXANDRE ET SON ŒUVRE

LES LETTRES, LES SCIENCES, LES ARTS.

« ALEXANDRE, à peine au sortir de l'enfance, conquiert avec une poignée de monde une partie du globe ; mais fût-ce de sa part une simple irruption, une façon de déluge? Non, tout est calculé avec profondeur, exécuté avec audace, conduit avec sagesse. Alexandre se montre tout à la fois grand guerrier, grand politique, grand législateur. Malheureusement, quand il atteint le zénith de la gloire et du succès, la tête lui tourne ou le cœur se gâte ; il avait débuté avec l'âme de Trajan, il finit avec le cœur de Néron et les mœurs d'Héliogabale.

NAPOLÉON (1).

Ce jugement est exact excepté pour ce qui regarde le cœur et les mœurs. Alexandre n'a été ni un monstre,

(1) *Mémorial de Sainte-Hélène.*

comme Néron, ni un débauché, comme l'autre empereur romain.

« Ce grand prince, arrivé à l'apogée de sa puissance (1), exécuta les choses les plus merveilleuses. Il fit des reformes générales et particulières dans l'intérieur de ses Etats, rendit de nouveau navigables le Tigre et l'Euphrate, creusa à Babylone un port capable de contenir mille vaisseaux, enrichit cette grande cité par de nombreuses constructions. Il fit fleurir le commerce dans toutes les provinces.

Ses projets étaient encore plus vastes que les choses immenses qu'il avait réalisées. Il voulait, dit Plutarque, soumettre tous les peuples qu'il avait subjugués à un seul empire et faire de tous les hommes un seul peuple. Il serait parti du golfe Persique, pour tourner l'Arabie et l'Afrique, et revenir par les colonnes d'Hercule en soumettant tous les peuples qu'il rencontrerait. Il voulait aussi faire une fusion des peuples de l'Europe et de l'Asie par un échange de colonies et par des mariages, comme Diodore nous l'apprend. Mais on ignore quelle organisation définitive il concevait pour ce vaste empire fondé si rapidement.

« Ce qu'il avait fait en si peu d'années, dit M. Prévost-Paradol, force l'imagination à se perdre dans ce qu'il aurait pu faire, si une mort prématurée n'était venue frapper du même coup le conquérant et son empire à demi formé. »

Alexandre n'a pas eu sans doute, comme Périclès, son siècle littéraire et artistique ; il n'en est pas moins vrai que depuis la ruine d'Athènes en 404 jusqu'à la mort d'Alexandre, le génie grec n'était pas en décadence. Nous sentirons d'ailleurs son influence, après Alexandre, même en Orient et en Occident.

1° LES LETTRES

L'éloquence et la **philosophie** furent surtout digne-

(1) M. Girard, *Histoire grecque*, page 188.

ment représentées par ces deux noms immortels : **DÉMOSTHÈNES** et **ARISTOTE**.

DÉMOSTHÈNES, dont nous avons déjà parlé (1), fut bien le prince des orateurs anciens. Toute sa vie fut, **contre Philippe**, un duel dans lequel l'Athénien eut toujours le beau rôle, surtout quand ce grand patriote essaya de sauver ses concitoyens de la honte en tentant même l'impossible contre son puissant ennemi. Il reste de lui soixante et un discours.

A la mort d'Alexandre, il organisa la guerre, et traqué par les soldats d'Antipater, il s'empoisonna dans le temple de Poseidôn, dans l'île de Calaurie, à l'âge de 62 ans.

ESCHINE, 389-314, successivement athlète, acteur et greffier, n'aborda la tribune qu'à l'âge de 40 ans, à l'époque où son rival *Démosthènes* était en pleine célébrité. Il fut le grand partisan de la domination étrangère; il s'était, du reste, vendu à Philippe. S'il avait été honnête homme, il eût été l'égal de Démosthènes.

Nommons également trois orateurs patriotes de ce temps : *Lycurgue*, *Hyperide*, *Phocion*.

ARISTOTE n'a d'égal dans la Philosophie que le divin **Platon** (2). Après lui les questions métaphysiques sont abandonnées pour faire place à la morale. Trois grandes écoles se sont partagé l'influence sur le monde.

Le **Pyrronisme** de **Pyrrhon, 384-288**, le doute absolu.

L'**Epicurisme** d'**Epicure, 337-270**, la sensation est la seule source de la connaissance. — Il faut vivre conformément à la nature.

Le **Stoïcisme de Zénon, 358-278**. — L'homme a en

(1) Revoir la 17e leçon.
(2) Voir la 9e leçon.

lui-même un principe qui lui permet de se soustraire aux coups de la fortune, c'est la volonté. — La douleur n'existe pas.

2° LES SCIENCES

Les **Sciences** commencent à se séparer de la Philosophie.

PYTHAGORE inventa, dit-on, les règles de l'arithmétique.

EUCLIDE a composé des éléments de géométrie et d'arithmétique que l'on consulte encore aujourd'hui.

ARCHIMÈDE, né à Syracuse en 287, célèbre par ses inventions mécaniques. En Physique, nous avons la démonstration du principe dit d'Archimède — Tout corps plongé dans l'eau perd une partie de son poids égale au poids du volume d'eau qu'il déplace. — **Eurêka** !

3° LES ARTS

— « Au siècle d'Alexandre, dit M. Gagnol, l'art se transforme, mais sans dégénérer. L'art grec, jusqu'ici, s'était mis presque exclusivement au service de la religion ; il représentait les dieux sous des traits où semblaient revivre la majesté et la sérénité de l'Olympe : désormais, il sera plus humain et prendra des modèles non plus dans les cieux mais sur la terre. »

Deux noms surtout à retenir : **Scopas** et **Praxitèle.**

SCULPTURE. — **Scopas de Paros** brilla de 396 à 350. Il eut la principale part dans le fameux **Mausolée** d'**Halicarnasse**, une des sept merveilles du monde, détruit en partie au XIIe siècle par un tremblement de terre. — Artémise, reine de Carie, inconsolable de la mort de son époux **Mausole**, lui avait fait élever le plus magnifique tombeau qu'on eût encore vu — 44 mètres de haut, 16 et 20 de côtés.

Praxitèle, né à Athènes, a pour caractère l'élégance et la délicatesse ; ses œuvres principales sont :

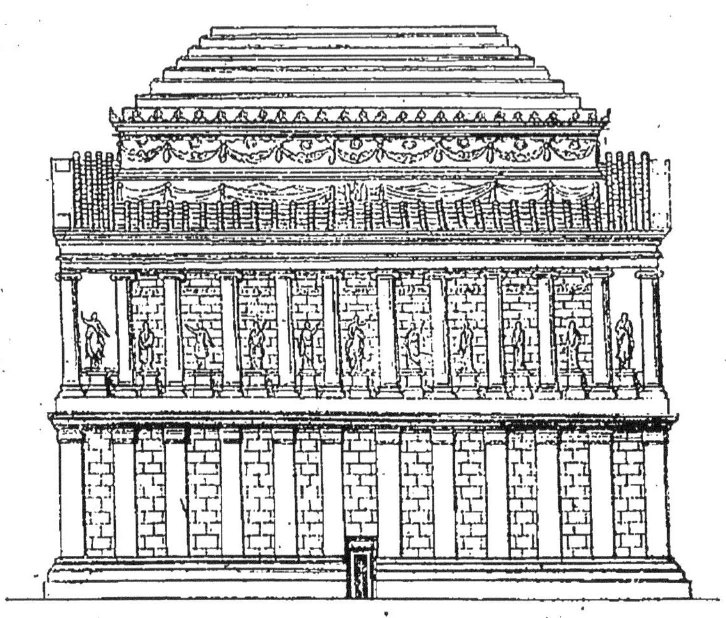

Tombeau de Mausole à Halicarnasse.

La **Vénus de Cnide**, l'**Apollon Saurochtone** ou tueur de lézards, au Louvre.

La célèbre **Vénus** (Louvre), trouvée dans l'île de **Milo** en 1821 par Dumont d'Urville, semble appartenir également à cette école de Scopas et de Praxitèle.

Lysippe, fut le sculpteur favori d'Alexandre (Hercule Farnèse).

Lysistrate, son frère, imagina les moulages d'après le modèle vivant.

PEINTURE. — **Apelle**, le peintre attitré et l'ami d'Alexandre, le plus grand peintre de l'antiquité.

Après la mort d'Alexandre trois écoles se formèrent.

L'École de Pergame. Le Gladiateur mourant (au musée du Capitole.) Les Géants contre les Dieux.

L'École de Rhodes. Laocoon (Vatican) et ses deux fils étouffés par un serpent.

Le Colosse de Rhodes. Haut. 32 m., une des 7 merveilles du monde.

L'École d'Éphèse dont le Louvre possède l'Athlète.

Citons encore quelques statues célèbres appartenant même à l'Époque qui précéda la conquête romaine.

L'Apollon du Belvedère — Vatican.

La Victoire de Samothrace — Louvre.

La Diane a la Biche — Louvre.

La Diane de Gabies — Louvre.

ARCHITECTURE — Le plus célèbre architecte fut **Dinocrates** qui reconstruisit le temple d'Ephèse et travailla à la fondation d'Alexandrie.

L'ordre corinthien, avec son élégant chapiteau à feuilles d'acanthe, supplanta presque complètement l'ordre ionique et l'ordre dorique.

On élève beaucoup moins de monuments nationaux ou religieux, mais, en revanche, on donne plus d'importance architecturale aux demeures privées.

Lecture : *Le Peintre Apelle.*

VINGTIÈME LEÇON

PRINCIPAUX ÉTATS FORMÉS DU DÉMEMBREMENT DE L'EMPIRE D'ALEXANDRE LES PTOLÉMÉES

DIFFUSION DE L'ESPRIT GREC EN ORIENT. ALEXANDRIE —PERGAME.

Au lendemain même de la mort d'**Alexandre**, l'histoire retombe dans le chaos. — **L' Œuvre de ce roi ne lui survécut pas.**

Ses 34 généraux et sa famille se partagent l'empire une première fois. Le monde grec est plus morcelé qu'avant la conquête macédonienne.

Bientôt la lutte éclate entre les généraux dont quelques-uns voudraient maintenir à leur profit l'unité de l'Empire. Les révoltes furent continuelles sous les régences de... **Antipater, Polysperchon, Antigone.**

L'Empire comprenait donc.

En Europe. — La **Macédoine**. La **Grèce**. La **Thrace.**

En Afrique. — L'**Egypte.**

En Asie. — L'**Asie Mineure**. La **Syrie**. La **Palestine**. L'**Assyrie**. La **Perse**. Une partie de l'**Inde**.

Après une guerre de 3 ans entre les généraux **Antigone** d'une part, et **Lysimaque, Cassandre, Ptolémée** d'autre part, il ne restait bientôt plus que cinq généraux pour se disputer l'héritage.

Ptolémée eut l'Égypte. — **Lysimaque**, la Thrace. — **Cassandre**, la Macédoine. — **Antigone**, l'Asie d'Europe. — **Séleucus**, la Haute-Asie.

Les guerres reprirent bientôt entre eux jusqu'en 301 où une bataille décisive s'engagea dans la plaine d'**Ipsus** en Phrygie. — **Antigone** périt. **Lysimarque** voulut ajouter à la Thrace une partie de l'Asie Mineure, mais il fut tué dans la bataille de Cyropédion.

L'Empire d'Alexandre restait donc définitivement partagé en 3 États :

1° **LE ROYAUME D'ÉGYPTE** qui échut à **Ptolémée,** fils de Lagos. (Les Lagides.)

2° **LE ROYAUME DE SYRIE** : toute l'Asie à **Seleucus.** (Les Seleucides.)

3° **LE ROYAUME DE MACÉDOINE : GRÈCE** et **THRACE** à **Cassandre.**

Nous allons voir ce qu'ils deviennent l'un après l'autre.

1° LES PTOLÉMÉES. — DYNASTIE DES LAGIDES.

Le royaume d'Egypte, fondé par **Ptolémée Soter** (Sauveur), fut le moins éprouvé par les révolutions. Ce fondateur fut assez prudent pour se contenter de son lot sans essayer d'agrandir son royaume (qui comprenait déjà la Phénicie, la Palestine, la Syrie et Chypre), et aussi pour prendre par l'endroit sensible, c'est-à-dire par la religion, ce peuple si profondément attaché à son culte. Il se fit sacrer à **Memphis** et son autorité prit un caractère divin. « Grec d'origine et d'instincts, Ptolémée eut l'adresse d'oublier ses antécédents et de devenir, au moins en apparence, aussi Egyptien que les Egyptiens eux-mêmes. »

L'esprit grec pénétra vite en Orient : **ALEXANDRIE**, la capitale, était une ville grecque : on parlait le grec, l'administration était grecque.

Ptolémée Philadelphe succéda à son père, 285-246. — Période de paix et de travaux. Développement du commerce. Attira les poètes.

Ptolémée Evergête. Bienfaisant, 246-221. — Fut plutôt conquérant et soumit l'Ethiopie.

Alexandrie devint le **centre** du commerce entre l'Orient et l'Occident, le foyer des lettres, des sciences et des arts, un centre aussi pour l'industrie et rayonna d'une très grande splendeur. « Bâtie sur un plan unique, Alexandrie était plus régulière que les autres villes grecques. Les rues se coupaient à angle droit ; une grande voie large de 30 mètres, longue de 6 kilomètres la traversait dans toute sa longueur. Elle était bordée de grands monuments. Le **Stade** où se donnaient les jeux publics ; le Gymnase, le Musée, l'Arsinéum. Le port était formé par une digue de 1.300 mètres qui reliait la terre à l'île de **Pharos.** Tout à la pointe de cette île se dressait une tour de marbre, au sommet de laquelle on entretenait un foyer toujours allumé pour éclairer les navires qui voulaient entrer au port. De là est venu le nom de phare (1) ».

Le **Musée** était une bibliothèque et une académie. Les principaux savants d'Alexandrie furent le mathématicien

(1) SEIGNOBOS, *Hist. de la Civilisation.*

Euclide, le géographe **Eratosthène**, le commentateur d'Homère **Aristarque**, le poète **Théocrite**.

Il y eut **treize Ptolémées** qui se succédèrent jusqu'à ce qu'enfin, grâce à la décadence causée par le luxe et précipitée par l'habileté de la politique de Rome, Octave réduisît l'Égypte en province romaine, trente ans avant Jésus-Christ, aussitôt après la mort de la dernière reine **Cléopâtre**, plus courtisane que reine. Alexandre était mort depuis 213 ans.

2° LES SÉLEUCIDES.

Le royaume de Syrie fut fondé par **Seleucus Nicator.** Ce fut le **plus grand** des Etats sortis du démembrement, mais aussi le **plus difficile** à gouverner, car il était composé de **Grecs** et de **Barbares**, de peuples qui avaient été tour à tour vainqueurs et vaincus, c'est-à-dire toujours ennemis. Aucune unité n'était possible et ce défaut d'homogénéité de l'empire uni à une mollesse vraiment orientale précipitèrent la décadence. Les Seleucides fondèrent de nombreuses cités commerciales dont les plus célèbres furent Seleucie sur le Tigre et Antioche sur l'Oronte.

Peu à peu les provinces se détachèrent, l'empire tenu par des mains inhabiles se démembra pour former un **certain nombre d'Etats** (1) qui gardèrent la civilisation grecque jusqu'à ce que toute la contrée devînt, en 64, vassale des Romains; non sans avoir jeté encore un certain éclat sous **Antiochus III**, dit le **Grand**, qui fut battu par les Romains à **Magnésie en 190.** C'est sous **Antiochus Epiphane** que la Palestine s'était détachée de l'empire. (Les Macchabées).

Parmi les Etats formés du démembrement de l'empire des Seleucides, il est juste de mentionner le royaume de **Pergame** en 283, dont la capitale **Pergame** fut une ville

(1) Pergame et Bithynie, le Pont, les Galates, la Bactriane, les Parthes.

d'artistes et de lettrés. Il y eut même une **école célèbre de sculpteurs** que le roi Attale favorisa beaucoup. Cette ville, comme Alexandrie, possédait une riche bibliothèque où l'on avait réuni tous les manuscrits des auteurs anciens. On utilisa l'art de préparer les peaux pour remplacer le papyrus sur lequel on recopiait les manuscrits. C'est de là qu'est venu le parchemin **(pergamen)** sur lequel sont conservés les manuscrits de l'antiquité.

Lecture : *La Bibliothèque d'Alexandrie. Le Musée.*

VINGT-ET-UNIÈME LEÇON

DERNIÈRES LUTTES EN GRÈCE

Nous avons vu que la bataille d'Ipsus (301) avait assuré le trône de Macédoine à **Cassandre.** Après sa mort **Démétrius Poliorcète** s'en empare mais disparaît vite.

Le roi d'Epire **PYRRHUS** envie également le trône de Macédoine et, profitant de ces luttes, les Gaulois envahissent la Macédoine et la Grèce, attaquent Delphes où ils sont battus.

Pyrrhus poursuit **Antigone Gonatas** roi de Macédoine dans le Péloponèse, échoue devant Sparte et est tué par une tuile qu'une vieille femme d'Argos lui avait lancée à la tête. **Antigone Gonatas était maître de la Macédoine.**

Pendant ce temps la **liberté** se relève en Grèce, non plus par l'épée de Sparte ou d'Athènes, mais grâce à l'énergie des peuples nouveaux, les **Étoliens** et les **Achéens,** qui formèrent deux ligues pour la protection de leur indépendance.

LIGUE ÉTOLIENNE, dans laquelle domine l'élément démocratique. Elle fut surtout composée de pâtres et de brigands, rudes et pillards, mais braves et endurcis, qui finirent par exploiter la Grèce, fit la guerre à la ligue Achéenne et fut soumise par Rome en 189.

LA LIGUE ACHÉENNE fut plus sérieuse. Formée d'éléments aristocratiques, elle se donna pour stratège **ARATUS DE SICYONE** (251), qui rêve de secouer le joug de la Macédoine et d'organiser la Grèce en confédération.

Mais les rois de Sparte, **Agis** et **Cléomène**, avaient tour à tour formé le projet de réformer l'état laconien et de le placer à la tête de la Grèce.

Les **Achéens** et les **Spartiates** se font donc la guerre. **Aratus** est battu, et malheureusement pour sa gloire, commet la faute d'appeler à son secours le roi de Macédoine, avec qui il bat Cléomène **à Sellasie**, (221).

Cléomène s'enfuit en Égypte où il se tua l'année suivante, et le roi de Macédoine Antigone Doson entra triomphant à Sparte. Son successeur Philippe V **empoisonne Aratus** et veut conclure une alliance avec **Annibal** que les Romains poursuivaient.

Rome alors déclare la guerre aux Macédoniens et les bat à **Cynocéphales** (Thessalie, 197). Le consul **Flaminius** proclame, aux jeux olympiques, l'indépendance de tous les peuples grecs soumis à Philippe.

Les **Étoliens** n'avaient pas été satisfaits du résultat de la bataille de Cynocéphales, les Romains leur avaient trop peu donné. Ils ont l'audace d'appeler le roi de Syrie **Antiochus** à leur secours. Celui-ci est assez sot pour venir et se fait battre d'abord aux Thermopyles (189), puis à **Magnésie** par **Cornélius Scipion**, en attendant qu'il soit massacré par ses propres sujets en 188.

Les **ACHÉENS** auraient pu sauver l'indépendance de la Grèce, grâce à leur nouveau stratège **PHILOPOEMEN**, le **dernier des Grecs**, mais ils continuaient à s'épuiser, d'abord contre Sparte, puis contre Messène. Les Romains qui voyaient en ce grand citoyen un danger, intriguent de telle façon que **Philopœmen**, prisonnier des Messéniens, fut condamné à boire la **ciguë**.

Philippe de Macédoine mort, son fils **Persée**, continue à lutter contre les Romains. Il eut d'abord quelques succès et eût pu triompher s'il avait été aidé par les Grecs, mais ceux-ci avaient refusé ce secours.

Il fut donc battu à **Pydna, 168**, par le Consul **Paulus Emilius.** C'est là que furent tués dans une horrible boucherie 25.000 Macédoniens, et que disparut la fameuse **phalange macédonienne** qui, en s'avançant avait laissé des ouvertures par où entrèrent les **légions romaines**.

Persée s'enfuit et alla mourir de faim à Albe.

La Macédoine était réduite en province romaine, 152.

Les Achéens restaient seuls.

Ils se soulèvent dans un dernier accès de fureur contre les Romains. La rencontre se fait à **Leucopetra** près de Corinthe, 146. Le **Consul Mummius** détruit la ville et **LA GRÈCE FUT RÉDUITE** à son tour **EN PROVINCE ROMAINE D'ACHAIE, 146**, triste honneur pour cette ligue de donner son nom dans de telles circonstances !

Vaincus sur le champ de bataille, les Grecs sont restés néanmoins **vainqueurs sur le terrain de la civilisation** qui après avoir conquis l'Orient allait conquérir également l'Occident.

« Les Romains, dit M. Seignobos (1), au temps où ils soumettaient la Grèce, n'étaient encore que des soldats, des paysans et des marchands; ils n'avaient ni statues, ni monuments, ni littérature, ni science, ni philosophie. Tout cela se trouvait chez les Grecs; ils cherchèrent à les imiter comme les Assyriens vainqueurs imitaient les Chaldéens, comme les Perses vainqueurs imitaient les Assyriens. Les Romains gardèrent leur costume, leur

(1) *Hist. de la Civilisation*, 40.

langue, leur religion, jamais ils ne se confondirent avec les Grecs.

Mais des milliers de **lettrés** et d'**artistes** grecs vinrent s'établir à **Rome** et ouvrirent des écoles de littérature et d'éloquence. Plus tard ce fut la mode pour les jeunes gens de grandes familles romaines d'aller comme étudiants aux écoles d'**Athènes** et d'**Alexandrie**. Ainsi s'introduisirent peu à peu dans Rome les arts et les sciences des Grecs. » La Grèce conquise a conquis son sauvage vainqueur, dit le poëte romain Horace ; elle a apporté les arts dans le Latium grossier. »

La Grèce resta donc la maîtresse de ses vainqueurs dans les **LETTRES**, les **SCIENCES**, les **ARTS** et la **CIVILISATION** jusqu'à l'**invasion des Barbares** et le **TRIOMPHE DU CHRISTIANISME**.

Lecture : *Ruine du Patriotisme en Grèce.*

Démosthènes.

RÉSUMÉ CHRONOLOGIQUE

AVANT JÉSUS-CHRIST	GRÈCE	FAITS CONTEMPORAINS
50e siècle.		Création du monde. — Chute de l'homme.
Du 49e au 34e siècle.		Caïn et Abel. — Seth.
Du 34e au 26e siècle.		Déluge. — Noé. — Tour de Babel. — Dispersion des hommes. — Formation des peuples.
25e siècle.		Fondation des royaumes d'Égypte. — Menès. — Memphis.
24e —		Naissance d'Abraham.
23e —		Agar. — Ismaël. — Isaac. — Rebecca.
22e —	Jupiter règne dans l'île de Crète.	Jacob.
21e —	Les Grecs reconnaissaient douze grands dieux.	Joseph. — Entrée des Juifs en Égypte. — Lac Mœris. — Les rois pasteurs. — Hycsos.
20e —	Fondation d'Argos dans le Peloponèse.	Les juifs sont persécutés en Égypte. — Sémiramis. — Embellissements de Babylone. — Bélus fonde l'empire d'Assyrie.
19e —	Fondation de Sicyone, à quelque distance du golfe de Corinthe. Les Pélasges.	Ninias, roi d'Assyrie.
18e —	Ogygès. — Déluge en Grèce qu'il ne faut pas confondre avec celui de Deucalion.	Sérapis, premier dieu d'Égypte.
17e —	Les Grecs commencent à sortir de la barbarie.	Moïse. — Sortie d'Egypte. — Job. — Sésostris.

AVANT JÉSUS-CHRIST	GRÈCE	FAITS CONTEMPORAINS
	ENFANCE DE LA GRÈCE	
16e siècle.	Fondation d'Athènes par Cécrops. — Déluge de Deucalion, — Fondation de Corinthe. — Conseil des Amphictyons. — Fondation de Sparte. — Fondation de Thèbes par Cadmus.	Gouvernement des juges en Judée. Fondation d'Utique par les Phéniciens.
15e —	Lacédémon épouse Sparta, fille d'Eurotas. Législation des Crétois.	Les Juifs délivrés de la deuxième servit Cult. de l'olivier et des premières ruches à m
14e —	Expédition des Argonautes en Colchide. — La Toison d'or. — Les sept chefs devant Thèbes. Hercule institue les jeux Olympiques et les jeux néméens. Thésée.	Débora délivre les Juifs de la troisième vitude et Gédéon de la quatrième, Esculape (?) Orphée (?)
13e —		Jephté délivre les Juifs de la cinquième vitude. — Siège de Troie.
12e —	Colonies grecques dans l'Asie-Mineure — Retour des Héraclides dans le Péloponèse.	Samson. — Les Juifs délivrés de la sixiè servitude.
11e —	Ligue achéenne. — Codrus.	Les Juifs demandent un roi. — Saül. David. — Salomon. — Les Etrusques Italie. — Booz, Ruth et Noémi.
	JEUNESSE DE LA GRÈCE	
10e —	Homère. — Hésiode, poètes grecs. — Les rhapsodes.	Salomon. — Schisme des dix tribus. — E Elisée, prophètes.
9e —	Lycurgue. — Législation des Spartiates.	Didon fonde Carthage. — Royaumes de J et d'Israël.
8e —	Première Olympiade, guerres de Messénie. A partir de 776, on trouve indiquées les dates de la façon suivante: La 1re, 2e, 3e ou 4e année de telle ou telle olympiade.	Fin du premier empire d'Assyrie ; Des nes de ce premier empire se forment c de Babylone, celui de Ninive et celui de die, dont Arbace est le premier roi (753) Fondation de Rome. — Isaïe commence à phétiser.
7e —	Deuxième guerre de Messénie. — Fondation de Byzance (aujourd'hui Constantinople). — Dracon à Athènes.	Judith et Holopherne. — Nabuchod sor Ier. — Destruction de Ninive. — Con des Horaces.
6e —	Solon à Athènes. — Pisistrate s'empare du pouvoir.	Cyrus. — Fin de la Captivité des Juifs Fin du royaume de Juda. — Esther et As rus. — Fondation de l'empire des Perses Cyrus. — Le bœuf Apis. — Fondation de M seille par les Phocéens. — A Rome, les quins sont chassés et la République remp la royauté.
	VIRILITÉ DE LA GRÈCE	
5e —	*Périclès* — Splendeur de la Grèce. — Guerres médiques. — Marathon — Miltiade. — Les thermopyles. — Salamine. — Platée. — Mycale, — Athènes rebâtie. — Pausanias. —	En Perse : Xerxès. — Darius. — Retraite dix-mille. A Rome : Dictature. — Les trib les édiles. — Coriolan. — Loi agraire. — cemvirs, tribuns. — Siège de Véies.

AVANT JÉSUS-CHRIST	GRÈCE	FAITS CONTEMPORAINS
	VIRILITÉ DE LA GRÈCE (*suite*).	
4e siècle.	Themistocle. — Simon. — Periclès. — Expédition de Sicile. — Mort d'Alcibiade. — Abolition des Trente. — Guerres de Péloponèse. — Mort de Socrate.	
3e —	Agésilas. — Batailles de Coronée. — Leuctres. — Mantinée. — Chéronée. — Du Granique. — Issus. — Arbelles. — Ipsus. — Mort d'Epaminondas, de Démosthènes et de Phocion.	Alexandre fonde l'empire des Macédoniens. — Ptolémée Lagus, roi grec en Egypte. — Rome est prise par les Gaulois et délivrée par Camille. Premier partage de l'empire macédonien entre les généraux d'Alexandre.
2e —	Alliance de Démétrius et de Séleucus. — Ligues achéenne et étolienne. — Irruption des Gaulois en Grèce. — Mort d'Aratus.	En Syrie, Antiochus le Grand est vainqueur des Romains, à la bataille d'Héraclée remportée par Pyrrhus. — Fondation du royaume des Parthes Guerres puniques. — Bataille de Zama perdue par Annibal contre Scipion.
	VIEILLESSE DE LA GRÈCE	
1er —	Les Romains proclament la liberté de la Grèce. — Guerre de Macédoine. La Grèce est réduite en province romaine sous le nom d'Achaïe, en 146.	Nouvelle royauté chez les Juifs. — Les Macchabées. A Rome, les Gracques. — Mort d'Annibal.

TABLE DES LECTURES

Montagnes de la Grèce 137
Cultes locaux 138
L'oracle de Delphes 139
L'éducation spartiate 141
L'aréopage 142
Combat des Thermopyles 143
Parallèle entre Sparte et Athènes 144
Un citoyen d'Athènes 146
L'enseignement littéraire 147
L'architecture grecque 149
Les sculptures du Parthénon 150
Honneurs rendus au morts 151
Prise d'Athènes 152
Socrate 154
Mort d'Epaminondas 155
La phalange macédonienne 157
Débuts de Démosthènes 158
Passage du Granique 159
Le peintre Apelle 161
La bibliothèque d'Alexandrie 162
Le Musée 163
Ruine du patriotisme 165

LES QUATRE FAMEUSES RÉPUBLIQUES DE LA GRÈCE

	SPARTE	ATHÈNES	THÈBES	CORINTHE
FONDATEURS	Fondée au seizième siècle par *Lelex*, premier roi de Lacédémone. — On signale au nombre de leurs rois, Castor, Pollux, Ménélas, Oreste, Clytemnestre, noms célèbres dans la fable. Au douzième siècle, régnèrent simultanément deux branches royales, les Proclides et les Agides.	Fondée au dix-septième siècle par *Cécrops*, égyptien, sur un rocher appelé acropolis, Thésée y réunit quelques petites bourgades d'alentour et donne le nom grec de Minerve : Athènes. Un de leurs derniers rois fut Codrus que combattirent les Eupatrides.	Fondée au quinzième siècle par *Cadmus* qui arrivé des environs de Tyr avec une colonie de Phéniciens, s'établit en Béotie et fonde la Citadelle qui prit de lui le nom de Cadmée. Les Grecs ont fait aux Thébains la réputation, probablement imméritée, de peuples stupides.	Fondée au quatorzième siècle par *Sisyphe*, son premier roi particulier. Son petit-fils Bellérophon, héros célèbre de la Fable. Située sur l'isthme de ce nom elle s'était d'abord appelée Ephyre. Corinthus, fils de Pélops, lui donna son nom. Ses commencements sont fort incertains.
GOUVERNEMENT	*Aristocratique.* Au neuvième siècle, *Lycurgue*, descendant de Proclès, devient le législateur de son pays, auquel il fait adopter la constitution la plus extraordinaire quel'on connaisse. Il remet l'autorité entre les mains d'un Sénat à vie dont les lois étaient approuvées ou rejetées par le peuple.	*Démocratique.* Au sixième siècle, après la mort de Codrus, Athènes s'érigea en République dont la constitution fut fixée dans la suite des temps par *Solon*, qui plaça la souveraineté dans la multitude. Il divisa les habitants en quatre classes suivant le revenu de leur domaine.	*Variable.* Thèbes que les malheurs de Laïus, de Jocaste, d'Œdipe, d'Etéocle et de Polynice rendent si célèbre dans la fable et sur nos théâtres, devient, dans le même temps que les autres villes de la Grèce, une république dont les formes éprouvèrent beaucoup de variations.	*Oligarchique.* Corinthe devient monarchique sous la race de Sizyphe, qui en fut chassée cent ans après le siège de Troie. A celle-ci succéda la race des Bacchides sous lesquels Corinthe prit les formes républicaines et vit l'autorité passer dans les mains des anciens. Son législateur fut Phédon.
MAGISTRATS	*Deux rois héréditaires.* Un conseil des vieillards formé de trente membres chargés de juger les gens accusés de meurtre. — Cinq *éphores* annuels dirigeaient la police et décidaient la guerre.	*Des Archontes.* D'abord un à vie, puis il fut décennal; enfin en les multipliant on les rendit annuels. L'archontat fut institué après la mort de Codrus.	*Des Béotarques.* Les principales villes de la Béotie formaient une confédération appelée Ligue béotienne et dont les douze chefs se nommaient béotarques.	*Des Prytanes.* Après l'abolition de la première royauté, le prytane était celui que l'on choisissait parmi une assemblée de deux cents membres pour exercer le pouvoir exécutif au nom de cette assemblée.
HÉGÉMONIE	Après la guerre du Péloponèse (404) où ayant humilié Athènes saisi Thèbes, les Spartiates voyaient Syracuse et les Perses briguer leur alliance. (*Lysandre.*)	Après les guerres médiques (469), où l'on vit les Athéniens accomplir des actions de courage et des actes de vertu qui tiennent du prodige. (*Périclès.*)	Lorsque Pélopidas et Epaminondas (380) affranchirent leur ville du joug de Lacédémone et lui donnèrent la supériorité sur le reste des Grecs. (*Bataillon sacré.*)	On peut dire qu'au temps de la ligue achéenne (250), Corinthe pouvait être regardée comme la première ville de la Grèce.
DESTINÉE	Sparte fut prise par Philopœmen, chef de la ligue achéenne (184). Sparte ayant refusé d'entrer dans la ligue avait demandé du secours aux Romains, les ennemis de la Grèce : Philopæmen détruit ses remparts, et abolit les lois de Lycurgue.	Athènes fut prise par Lysandre, chef des Lacédémoniens, à la fin de la guerre du Péloponèse (404). Les murailles furent abattues et son gouvernement changé. Ce fut un coup dont elle ne se releva jamais.	Thèbes fut prise par Alexandre contre lequel elle s'était révoltée (334), démolie et brûlée à l'exception de la demeure de Pindare qu'Alexandre fit épargner; tous ses habitants furent vendus.	Corinthe fut prise par Mummius (146) qui y mit le feu et en rasa les murailles. Rien n'égalait ses richesses en métaux et en chefs-d'œuvre de tout genre. Avec elle expira l'indépendance de la Grèce.

LECTURES

MONTAGNES DE LA GRÈCE

C'est à la situation géographique de la Grèce qu'il faut attribuer le rôle considérable qu'ont rempli ses peuples. Des tribus de même origine, mais habitant des contrées moins heureuses, notamment les Pélasges de l'Illyrie, n'ont pu s'élever au-dessus de la vie barbare, tandis que les Hellènes se plaçaient à la tête des nations policées. Si la Grèce, si merveilleusement découpée par les flots, avait continué d'être ce qu'elle fut pendant la période tertiaire, une vaste plaine continentale rattachée aux déserts de la Lybie et parcourue par les grands lions et les rhinocéros, aurait-elle pu devenir la patrie de Phidias, d'Eschyle et de Démosthènes?

La Grèce, péninsule de la presqu'île des Balkans, avait, plus encore que la Thrace et la Macédoine, l'avantage d'être complètement fermée du côté du nord par des barrière transversales de montagnes ; aussi, grâce à ces remparts protecteurs, la culture héllénique a-t-elle pu se développer sans avoir à craindre d'être étouffée dans son germe par des invasions successives de barbares. Au nord et à l'est de la Thessalie, l'Olympe, le Pélion, l'Ossa constituent déjà de premiers et formidables obstacles. Au sud de la Thessalie, se dresse une deuxième barrière, la chaîne abrupte de l'Othrys. Au détour du golfe de Lamia, nouvel obstacle : la rangée de l'Œta ferme le passage ; il faut se glisser entre les rochers et la mer par l'étroit défilé des Thermopyles. Après avoir traversé les monts de la Locride pour redescendre dans le bassin de Thèbes, il reste encore à franchir le Parnès ou les contreforts du Cithéron avant de gagner les plaines de l'Attique. Au delà, l'isthme est encore défendu par d'autres barrières, remparts extérieurs de la grande citadelle montagneuse du Peloponèse, « l'acropole de la Grèce ». On a souvent comparé l'Hellade à une série de chambres aux portes solidement verrouillées ; il était difficile d'y entrer, et plus difficile encore d'en sortir.

E. Reclus.
Geogr. univ. (Hachette, édit.).

CULTES LOCAUX

Chaque cité avait des dieux qui n'appartenaient qu'à elle. On les appelait Génies, Démons, Héros; sous tous ces noms, c'étaient des âmes humaines divinisées par la mort. Ces génies ou ces héros étaient la plupart du temps les ancêtres du peuple. Les corps étaient enterrés soit dans la ville même, soit sur son territoire ; ces morts divins étaient attachés au sol où leurs ossements étaient enterrés. Du fond de leurs tombeaux, ils veillaient sur le pays; ils en étaient en quelque sorte les chefs et les maîtres. Tout homme qui avait rendu un grand service à la cité, depuis celui qui l'avait fondée jusqu'à celui qui lui avait donné une victoire ou avait amélioré ses lois, devenait un dieu pour cette cité. Il suffisait d'avoir frappé vivement l'imagination de ses contemporains et de s'être rendu l'objet d'une tradition populaire, pour devenir un héros, c'est-à-dire un mort puissant dont la protection fût à désirer ou la colère à craindre.

Outre ces héros et ces génies, les hommes avaient des dieux d'une autre espèce, comme Zeus, Héra, Athéné, vers lesquels le spectacle de la nature avait porté leur pensée. Mais ces créations de l'intelligence humaine avaient eu longtemps le caractère de divinités domestiques ou locales.

... Mais de ce que deux villes donnaient à leur dieu le même nom, gardons-nous de conclure qu'elles adoraient le même dieu. Il y avait une Athéné à Athènes et il y en avait une à Sparte; c'étaient deux déesses.

... La ville qui possédait en propre une divinité, ne voulait pas qu'elle protégeât les étrangers, et ne permettait pas qu'elle fût adorée par eux. La plupart du temps un temple n'était accessible qu'aux citoyens. Les Argiens seuls avaient le droit d'entrer dans le temple de la Héro d'Argos.

... Il faut bien reconnaître que les anciens ne se sont jamais représenté Dieu comme un être unique exerçant son action sur l'univers. Chacun de leurs innombrables dieux avait son petit domaine; à l'un une famille, à l'autre une tribu, à celui-ci une cité : c'était là le monde qui suffisait à la providence de chacun d'eux.

... Chaque cité avait son corps de prêtres. Entre les prêtres de deux cités il n'y avait nul lien, nulle communication, nul échange d'enseignement ni de rites.

... Ainsi la religion était toute locale, toute civile, c'est-à-dire spéciale à chaque cité. L'homme ne connaissait que les dieux de sa ville, et ne respectait qu'eux.

Fustel de Coulanges.
La Cité antique, passim. (Hachette.)

L'ORACLE DE DELPHES

L'oracle s'était contenté d'abord d'une seule pythie. Lorsque sa clientèle s'étendit sur le monde entier, ce ne fut pas trop de deux pythies ordinaires et d'une pythie supplémentaire pour le service des consultations...

L'intelligence de l'oracle résidait dans le corps des prêtres d'Apollon. Pour jouer le grand rôle qui leur a été dévolu, ils ont fait le sacrifice de leur personnalité...

La Pythie était toujours assistée, dans ses extases, d'un ou de plusieurs prophètes qui recueillaient ses paroles confuses, ses cris inarticulés et en composaient un oracle, ordinairement versifié, chargé des tours pompeux et des obscurités calculées qui constituaient le style propre d'Apollon Loxias.

... Le rôle du secrétaire de la Pythie n'était pas des plus faciles ; car il fallait improviser, avec des centons et des proverbes plus ou moins raccordés, des phrases qui eussent à première vue, un rapport quelconque avec la question.

... Dans le principe, on n'interrogeait l'oracle qu'à de rares intervalles, peut-être une seule fois par an. Apollon n'était pas toujours à la discrétion des consultants et il avait fixé lui-même son jour d'audience. On prit, à la fin, le parti de modifier le règlement et de rendre le trépied accessible une fois par mois.

... Alors les consultants étaient introduits à tour de rôle et posaient leur question. La Pythie enivrée, disait-on, par les vapeurs de l'antre et saisie par le dieu, tombait aussitôt dans une extase que les poètes se sont plu à décrire avec les couleurs les plus criardes. Cette crise nerveuse n'était pas toujours simulée, car, au temps de Plutarque, une pythie en mourut.

Chaque consultant recevait ensuite la transcription officielle de l'oracle par le prophète. S'il n'était que le délégué du client véritable, on lui remettait la réponse scellée et le proverbe disait qu'il risquait de perdre ou les yeux, ou la main, ou la langue, en cas d'indiscrétion.

BOUCHÉ-LECLERCQ.

Histoire de la Divination, passim. (Leroux éditeur.)

L'ÉDUCATION SPARTIATE

L'enfant né, le père ne décidait pas en dernier ressort de l'élever. Il le prenait et le portait dans un lieu appelé Lesché. Là siégeaient les anciens de la tribu. Ils examinaient l'enfant. S'il était bien conformé et robuste, ils ordonnaient de le nourrir et lui reconnaissaient un droit éventuel à l'un des neuf mille lots primitifs. S'il était chétif et contrefait, ils l'envoyaient aux Apothètes, gouffre voisin du Taygète, parce qu'il n'y avait avantage ni pour lui ni pour la cité à ce qu'il vécût, condamné dès la naissance à n'avoir ni santé, ni force. Par suite, les femmes ne lavaient pas leurs nouveau-nés dans de l'eau, mais dans du vin, afin d'éprouver leur constitution. Elles n'emmaillotaient pas les nourrissons, leur apprenaient à n'être point délicats pour la nourriture, mais commodes à vivre, sans peur dans les ténèbres, sans crainte dans la solitude, ne connaissant ni les cris, ni la mauvaise humeur, ni les faiblesses, ni les larmes.

On n'était pas libre d'instruire son fils comme on le voulait. Tous les enfants, à peine âgés de sept ans, Lycurgue les prenait et les distribuait par groupes pour être élevés en commun, sous la même discipline, accoutumés à jouer et à travailler ensemble.

... Ainsi, à mesure qu'ils avançaient en âge, on augmentait la force des exercices : on leur rasait la tête, on les habituait à marcher sans chaussures et à jouer ensemble presque tout nus.

Arrivés à douze ans, ils ne portaient plus de tunique, et ils ne recevaient qu'un manteau pour toute l'année ; le corps malpropre, ne connaissant ni bains, ni lotions, excepté certains jours de l'année où on leur permettait cette douceur.

... On appelle *Irènes* ceux qui depuis deux ans sont sortis de l'enfance, et *Mellirènes* les plus grands des enfants. Cet irène, à l'âge de vingt ans, marche en tête de sa troupe dans les combats : en temps de paix, il en dispose pour le service de la table, il enjoint aux plus forts de porter du bois et aux plus petits, les légumes. Ce qu'ils apportent, ils le volent soit en escaladant les jardins, soit en se glissant dans les salles des repas communs, le tout avec autant de ruse que s'adresse. Celui qui est pris reçoit force coups de fouet pour s'être fait prendre par négligence ou par gaucherie.

PLUTARQUE.
Traduction Talbot, passim. (Hachette, éditeur.)

L'ARÉOPAGE

Sur une colline appelée l'Aréopage, en face de l'Acropole, s'élevait un vieux sanctuaire très vénéré. C'est là que se réunissait le Conseil chargé de juger les gens accusés d'assassinat; on l'appelait le conseil de l'*Aréopage*. L'Archonte-roi le présidait; il ouvrait la séance en immolant un taureau, une chèvre, une brebis. Les juges étaient assis en plein air, l'accusé et l'accusateur se tenaient debout chacun sur une des deux grosses pierres consacrées. Ils assistaient à un sacrifice et juraient de dire la vérité, en déclarant que s'ils mentaient, ils consentiraient à périr, eux et toute leur famille. Quand ils avaient fini de parler, les juges prenaient un caillou sur l'autel et le déposaient en silence dans une des deux urnes.

Il fallait des jugements semblables pour tous les cas où il y avait eu du sang de versé, car on pensait que les dieux seraient irrités contre le peuple si le meurtre n'était pas expié. Mais les juges se réunissaient en quatre endroits différents, suivant le cas :

Au Palladion, quand le meurtre n'avait pas été préparé;

Au Delphinion, quand le meurtrier déclarait avoir eu le droit de frapper;

Au Phreatto, près de la mer, quand le meurtrier était exilé et n'avait pas le droit de remettre le pied sur le sol de l'Attique ; l'accusé se tenait alors dans une barque et parlait aux juges placés sur le rivage ;

Au Prytanée, quand c'était un objet qui avait causé la mort d'un homme. Si une pierre ou une poutre avait tué quelqu'un en tombant, on la jugeait et on la condamnait à être jetée par-dessus la frontière de l'Attique.

Ch. Seignobos, *Hist. de la Grèce.* (Colin, éditeur).

COMBAT DES THERMOPYLES

La valeur était peut-être égale de part et d'autre ; mais les Grecs avaient pour eux l'avantage des lieux et la supériorité des armes. Les piques des Perses étaient trop courtes, et leurs boucliers trop petits ; ils perdirent beaucoup de monde ; et Xerxès, témoin de leur fuite, s'élança, dit-on, plus d'une fois de son trône, et craignit pour son armée.

Le lendemain le combat recommença, mais avec si peu de succès de la part des Perses, que Xerxès désespérait de forcer le passage. L'inquiétude et la honte agitaient son âme orgueilleuse et pusillanime, lorsqu'un habitant de ces cantons, nommé Epialtès, vint lui découvrir le sentier fatal par lequel on pouvait tourner les Grecs. Xerxès, transporté de joie, détache aussitôt Hydarnès avec le corps des Immortels, Epialtès leur sert de guide : ils partent au commencement de la nuit ; ils pénètrent le bois de chênes, dont les flancs des montagnes sont couverts, et parviennent vers les lieux où Léonidas avait placé un détachement de son armée...

... Pendant la nuit, Léonidas avait été instruit de leur projet par des transfuges échappés du camp de Xerxès ; et le lendemain matin, il le fut de leurs succès par des sentinelles accourues du haut de la montagne ; à cette terrible nouvelle, les chefs des Grecs s'assemblèrent...

... Au milieu de la nuit, les Grecs, Léonidas à leur tête, sortent du défilé, avancent à pas redoublés dans la plaine, renversent les postes avancés et pénètrent dans la tente de Xerxès qui avait déjà pris la fuite : ils entrent dans les tentes voisines, se répandent dans le camp, et se rassasient de carnage. La terreur qu'ils inspirent se reproduit à chaque pas, à chaque instant avec des circonstances plus effrayantes. Des bruits sourds, des cris affreux annoncent que les troupes d'Hydarnès sont détruites, que toute l'armée le sera bientôt par les forces réunies de la Grèce. Les plus courageux des Perses, ne pouvant entendre la voix de leurs généraux, ne sachant où porter leurs pas, où diriger leurs corps, se jetaient au hasard dans la mêlée et périssaient par les mains les uns des autres, lorsque les premiers rayons du soleil offrirent à leurs yeux le petit nombre de vainqueurs.

Ils se forment aussitôt et attaquent les Grecs de toutes parts.

Léonidas tombe sous une grêle de traits. L'honneur d'enlever son corps engage un combat terrible entre ses compagnons et les troupes les plus aguerries de l'armée persane.

BARTHÉLEMY, *Voyage d'Anacharsis*.

N. B. — Deux Spartiates seulement échappèrent à cette glorieuse catastrophe : ils furent notés d'infamie. L'un se tua, et l'autre périt bientôt au combat de Platée.

PARALLÈLE ENTRE SPARTE ET ATHÈNES

Parmi toutes les républiques dont la Grèce était composée, Athènes et Lacédémone étaient sans comparaison les principales. On ne peut avoir plus d'esprit qu'on en avait à Athènes, ni plus de force qu'on en avait à Lacédémone. Athènes voulait le plaisir : la vie de Lacédémone était dure et laborieuse. L'une et l'autre aimaient la gloire et la liberté : mais à Athènes la liberté tendait naturellement à la licence; et contrainte par des lois sévères à Lacédémone, plus elle était réprimée au dedans, plus elle cherchait à s'étendre en dominant au dehors. Athènes voulait aussi dominer, mais par un autre principe. L'intérêt se mêlait à la gloire. Ses citoyens excellaient dans l'art de naviguer; et la mer, où elle régnait, l'avait enrichie. Pour demeurer seule maîtresse de tout le commerce, il n'y avait rien qu'elle ne voulût assujettir : et ses richesses, qui lui inspiraient ce désir, lui fournissaient le moyen de le satisfaire. Au contraire, à Lacédémone, l'argent était méprisé. Comme toutes ses lois tendaient à en faire une république guerrière, la gloire des armes était le seul charme dont les esprits de ses citoyens fussent possédés. Dès là naturellement elle voulait dominer; et plus elle était au-dessus de l'intérêt, plus elle s'abandonnait à l'ambition...

... Ces deux grandes républiques, si contraires dans leurs mœurs et dans leur conduite, s'embarrassaient l'une l'autre dans le dessein qu'elles avaient d'assujettir toute la Grèce, de sorte qu'elles étaient toujours ennemies, plus encore par la contrarité de leurs intérêts que par l'incompatibilité de leurs humeurs.

Les villes grecques ne voulaient la domination ni de l'une ni de l'autre; car, outre que chacun souhaitait pouvoir conserver sa liberté, elles trouvaient l'empire de ces deux républiques trop fâcheux. Celui de Lacédémone était dur, on remarquait dans son peuple je ne sais quoi de farouche.

... Les Athéniens étaient naturellement plus doux et plus agréables. Il n'y avait rien de plus délicieux à voir que leur ville, où les fêtes et les jeux étaient perpétuels, où l'esprit, où la liberté et les passions donnaient tous les jours de nouveaux spectacles. Mais leur conduite inégale déplaisait à leurs alliés, et était encore plus insupportable à leurs sujets. Il fallait essuyer les bizarreries d'un peuple flatté, c'est-à-dire, selon Platon, quelque chose de plus dangereux que celles d'un prince gâté par la flatterie.

Ces deux villes ne permettaient point à la Grèce de demeurer en repos.

BOSSUET, *Disc. sur l'Hist. univ.*, 3e partie.

UN CITOYEN D'ATHÈNES

Pour être citoyen d'Athènes, il faut être fils d'un citoyen et d'une citoyenne. Arrivé à l'âge d'homme, vers dix-huit ans, le jeune athénien paraît devant le peuple assemblé, il reçoit les armes qu'il va porter et prête un serment : « Je jure, dit-il, de ne pas déshonorer ces armes sacrées, de ne pas quitter mon poste, d'obéir aux magistrats et aux lois, d'honorer la religion de ma patrie. » Il devient à la fois citoyen et soldat. Désormais, il doit le service militaire jusqu'à l'âge de soixante ans ; en revanche, il a le droit de siéger dans l'assemblée et de remplir les fonctions de l'Etat.

Les Athéniens appellent leur gouvernement *démocratie*. Mais ce peuple n'est pas, comme chez nous, la masse des habitants ; c'est le corps des citoyens, véritable aristocratie de quinze à vingt mille hommes qui gouvernent en maîtres toute la nation. Ce corps a un pouvoir absolu, il est le véritable souverain d'Athènes. Il se réunit trois fois par mois au moins pour délibérer et pour voter. L'assemblée se tient en plein air sur la place du Pnyx ; les citoyens sont assis sur des bancs de pierre en amphithéâtre ; des magistrats, placés en face sur une estrade, ouvrent la séance par une cérémonie religieuse et une prière ; puis un héraut proclame à haute voix l'affaire dont va s'occuper l'assemblée, et dit : « Qui veut prendre la parole ? » Tout citoyen a le droit de la demander ; les orateurs montent à la tribune par rang d'âge. Quand tous ont parlé, le président pose la question ; l'assemblée vote en levant les mains, puis elle se sépare.

Dans l'assemblée, tout se décidait à la majorité des voix, et toutes les voix étaient égales. Tous les jurés, tous les membres du conseil, tous les magistrats, excepté les généraux, étaient tirés au sort. Les citoyens étaient égaux, non seulement en théorie, mais dans la pratique.

Socrate disait à un Athénien instruit qui n'osait pas parler devant le peuple : « De qui donc as-tu peur ? est-ce des foulons, ou des cordonniers, ou des maçons, ou des laboureurs, ou des marchands ? car c'est de tous ces gens-là que se compose l'assemblée. » Beaucoup avaient besoin, pour vivre, de faire leur métier et n'auraient pas pu servir l'État gratuitement. On institua donc un salaire ; tout citoyen qui siégeait à l'assemblée ou au tribunal recevait, pour chaque jour de séance, trois oboles, juste ce qu'il fallait pour vivre en ce temps. Désormais les pauvres dominaient.

CH. SEIGNOBOS.
Histoire de la Civilisation.

L'ENSEIGNEMENT LITTÉRAIRE

L'enseignement d'école était donné, à Athènes, par des maîtres privés ; car l'école n'existait point dans l'antiquité grecque comme institution d'État.

L'éducation tout entière comprend trois parties : les lettres, la musique et la gymnastique. Les premières s'apprennent chez le grammatiste, la seconde chez le citharistе, la troisième chez le pédotribe. Nous ne savons pas exactement comment ces études se partageaient le temps de l'enfant jusqu'à son adolescence. Il est probable que jusqu'à douze ou quatorze ans il étudiait surtout les lettres et la musique, et qu'à partir de quatorze ans environ la gymnastique prenait le pas sur la culture de l'esprit.

Après avoir appris les premiers éléments, la lecture, l'écriture et le calcul, l'écolier étudiait surtout les œuvres des poètes nationaux, et en particulier celles d'Homère. On demandait surtout à cette étude de le rendre vertueux, plutôt que de lui former le goût. De là l'importance toute particulière de cet enseignement.

... Cette autorité que les Grecs attribuent à la poésie explique la part qu'ils lui faisaient dans l'enseignement. Elle y était d'autant plus nécessaire, que la religion ne venait pas en aide au maître pour former les jeunes âmes.

La religion se réduisait à des pratiques toutes matérielles, ne comportait ni prédication ni enseignement d'aucune sorte, n'offrait point à ses fidèles de direction morale. C'était une des fonctions essentielles de la poésie que de suppléer à cette lacune. Le poète, dit Platon, dans le *Lysis*, est le père et l'inspirateur de toute sagesse ; il a vraiment charge d'âmes. Cette façon d'entendre la poésie explique l'origine de certaines légendes qui faisaient d'anciens poètes des maîtres d'école. Si Tyrtée et quelques autres sont venus jusqu'à nous avec ce titre, la cause n'en est-elle pas dans l'étroite union qui existait entre la poésie et l'éducation ?

Comment l'écolier étudiait-il les poètes? Il les lisait d'abord, ensuite il les apprenait par cœur. Les leçons ne ressemblaient en rien à celles qui, de nos jours, sont indiquées en classe par le professeur et que l'enfant apprend chez lui. Pour fixer un morceau dans la mémoire des écoliers, le maître le déclamait en détail, et ceux-ci le répétaient après lui vers par vers ou phrase par phrase. C'était une dictée qu'on n'écrivait pas. Il est probable que, pour cet exercice, les élèves venaient tour à tour ou tous ensemble devant le professeur et se tenaient debout jusqu'à ce que la leçon fût entièrement sue.

P. GIRARD.

L'éducation athénienne.

L'ARCHITECTURE GRECQUE

La créature architecturale n'est point ici l'œuvre de l'imagination surexcitée, mais de la raison lucide. Elle est faite pour durer par elle-même et sans secours. Presque tous les temples de la Grèce seraient encore entiers, si la brutalité ou le fanatisme de l'homme n'étaient intervenus pour les détruire. Ceux de Pœstum sont debout après vingt-trois siècles ; c'est l'explosion d'un magasin de poudre qui a coupé en deux le Parthénon. Livré à lui seul, le temple grec demeure et subsiste ; on s'en aperçoit à sa forte assiette ; sa masse le consolide au lieu de le charger. Nous sentons l'équilibre stable de ses divers membres ; car l'architecte a manifesté la structure interne par les dehors visibles, et les lignes qui flattent l'œil de leurs proportions harmonieuses sont justement les lignes qui contentent l'intelligence par des promesses d'éternité. Ajoutez à cet air de force l'air d'aisance et d'élégance ; l'édifice grec ne songe pas seulement à durer comme l'édifice égyptien. Il n'est pas accablé sous le poids de sa matière, comme un Atlas obstiné et trapu ; il se développe, se déploie, se dresse comme un beau corps d'athlète en qui la vigueur s'accorde avec la finesse et la sérénité. Considérez encore sa parure, les boucliers d'or qui étalent son architrave, les acrotères d'or, les têtes de lion qui luisent en plein soleil, les filets d'or et parfois les émaux qui serpentent sur ses chapiteaux, le revêtement de vermillon, de minium, de bleu, d'ocre pâle, de vert, de tous les tons vifs ou sourds qui, reliés et opposés, donnent à l'œil la sensation de la franche et saine joie méridionale. Comptez enfin les bas-reliefs, les statues des frontons, des métopes et de la frise, surtout l'effigie colossale de la cella intérieure, toutes les sculptures de marbre, d'ivoire et d'or, tous ces corps héroïques ou divins qui mettent sous les yeux de l'homme les images accomplies de la force virile, de la perfection athlétique, de la vertu militante, de la noblesse simple, de la sérénité inaltérable, et vous aurez une première idée de leur génie et de leur art.

TAINE.
Philosophie de l'art, II. — (Hachette.)

LES SCULPTURES DU PARTHÉNON

Converti en église byzantine au moyen âge, le Parthénon devint une mosquée après la prise d'Athènes, par les Turcs (1456). Jusqu'en 1687, il resta à peu près intact; à cette époque, une armée vénitienne vint mettre le siège devant l'Acropole ; on avait installé une poudrière au Parthénon : une bombe la fit sauter, brisa la toiture et ouvrit une longue brèche au milieu du temple. Entrés dans l'Acropole, les Vénitiens brisèrent encore une partie des statues. Enfin, dans les premières années de ce siècle, lord Elgin acheva de mutiler le Parthénon en enlevant la plus grande partie des sculptures qui subsistaient, et les fit transporter au Musée britannique de Londres. Quelques-unes seulement sont encore en place.

La décoration sculpturale du temple comprend trois parties : les deux frontons, les métopes et la frise.

On appelle fronton d'un temple l'espace triangulaire compris entre les deux pentes de la toiture, à la face antérieure et postérieure. Au Parthénon, ces deux frontons étaient décorés de sculptures, dont il reste encore de magnifiques morceaux. L'un des frontons représentait la naissance d'Athèna, l'autre la dispute de la déesse et de Poséidon se disputant l'Attique. Certaines figures étaient debout, d'autres assises, d autres couchées, suivant qu'elles occupaient le centre ou les extrémités du fronton. Parmi les plus belles, il faut citer une figure assise, connue sous le nom de Thésée, d'un style admirable pour l'énergie du dessin et le fini de l'exécution...

... Enfin, à l'intérieur du péristyle, à la partie supérieure des quatre murs qui forment l'enceinte du temple, proprement dit, court une frise ininterrompue qui n'a pas moins de 136 mètres de développement. Elle représente les cérémonies de la fête des Panathénées. Au-dessus de la porte d'entrée, la prêtresse d'Athéna et les jeunes filles qui portent le voile sacré, entourées des divinités de l'Olympe, regardent venir la procession, qui s'avance, sur une double file, tout le long des parois : les vieillards appuyés sur des bâtons, les jeunes filles qui portent les vases, les victimes destinées au sacrifice, les joueurs de flûte ou de cithare, les cavaliers et les chars de guerre.

D'après Collignon, (*l'Archéologie grecque.*)

HONNEURS RENDUS AUX MORTS

La cérémonie mortuaire se compose de trois parties: l'Exposition du mort, le Transport du corps, la Déposition au tombeau. La première a lieu le jour du décès, les deux autres s'accomplissent le lendemain avant le lever du soleil.

Les femmes ont un rôle prépondérant dans l'accomplissement des rites funèbres ; mais on n'y admet que les parentes du défunt, ou seulement les femmes ayant dépassé l'âge de soixante ans. Elles lavent le mort, le parfument, l'habillent d'étoffes blanches et le couchent dans un lit de parade autour duquel elles disposent des offrandes, bandelettes, couronnes, vases à parfums.

Les lamentations se font pendant l'exposition (πρόθεσις) avec les chants alternés des femmes et des hommes ; tous les assistants restent debout.

Le lendemain, à la lueur des torches, on transporte le corps sur un lit ou sur un char accompagné par les parents et par les hommes ; parmi ces derniers peuvent se trouver des étrangers. Les éphèbes sont souvent revêtus de leur costume de guerre, pour faire honneur au mort. Les lamentations se renouvellent devant le tombeau, on s'arrache les cheveux, on étend la main en avant, la paume ouverte, le pouce et l'index rapprochés. Le mort est placé dans la fosse avec l'obole destinée à Charon.

Le tombeau qu'on élève par-dessus est ordinairement un tumulus de terre assez élevé, parfois surmonté d'un grand vase ou orné d'une stèle. La tombe est décorée de plantes qui, croissant au pied et sur les flancs du monument, le couronnent aussi de feuillage; on attache aux parois de la stèle des bandelettes, des couronnes de vases à parfums, des objets ayant appartenu au défunt.

Trois jours après la mort (τὰ τρίτα), les parents reviennient offrir au tombeau le repas funèbre, qui paraît avoir à Athènes un caractère particulier de simplicité et qui se compose seulement de fruits et de libations.

On frotte d'huile la Stèle, comme si l'on oignait le corps lui-même ; on renouvelle les bandelettes et les couronnes, on dispose sur la tombe les objets qui rappelleront au défunt sa vie passée, par exemple une arme si c'est un homme, un miroir si c'est une femme. On apporte aussi au mort l'oiseau favori qu'il aimait et qu'il nourrissait de son vivant. La même cérémonie a lieu le neuvième jour (τα ἔνατα) et le trentième (αἱ τράκαδες).

POTTIER, *Études sur les lécythes.* (Hachette, édit.)

PRISE D'ATHÈNES

La *Paralos*, trière athénienne échappée au désastre d'Ægos-Potamos, vint à Athènes en apporter la nouvelle. Elle y arriva de nuit. Aussitôt le bruit de la catastrophe se répand, et les gémissements passent du Pirée et des Longs Murs jusqu'à la ville, la nouvelle se transmettant de bouche en bouche. Cette nuit personne ne dormit; tous pleuraient, non seulement sur ceux qui n'étaient plus, mais bien plus encore sur eux-mêmes, persuadés qu'ils allaient subir ce qu'ils avaient fait aux Méliens, alliés des Lacédémoniens, et aux autres Grecs qu'ils avaient massacrés ou vendus comme esclaves. Le lendemain ils tiennent une assemblée, où ils décident d'obstruer les ports, un seul excepté, de réparer les murs, d'établir des gardes, de prendre enfin toutes les mesures pour mettre la ville en état de soutenir un siège.

Cependant Lysandre, parti de l'Hellespont avec deux cents vaisseaux, se dirige sur Athènes, dont il veut opérer le siège. Sur sa route, il soumet plusieurs villes maritimes; partout, il en chasse les Athéniens, leur ordonnant de se retirer à Athènes, et déclarant qu'il égorgerait tous ceux qu'il surprendrait. Il comptait, en enfermant tant de monde à Athènes, avoir rapidement raison de la ville par la famine. La Grèce entière abandonna ainsi le parti des Athéniens.

Puis Lysandre arrive à Athênes avec sa flotte et mouille près du Pirée, dont il forme le port. Le roi de Sparte, Pausanias, prévenu de son arrivée, était déjà campé aux portes de le ville, avec une armée de Péloponésiens.

Les Athéniens, assiégés par terre et par mer, ne savent à quoi se résoudre, n'ayant ni vaisseaux, ni alliés, ni vivres.

Le blé venant à manquer complètement, ils députent à Sparte pour traiter d'une alliance avec les Lacédémoniens.

... A Sparte, les éphores convoquèrent une assemblée où figurèrent les Corinthiens, les Thébains et bon nombre de Grecs, pour arrêter les conditions qu'on imposerait. Beaucoup furent d'avis qu'il ne fallait point traiter avec Athènes, mais la raser. Les Lacédémoniens déclarent qu'ils ne réduiront pas en esclavage une ville qui a rendu de grands services dans les grands dangers qui ont fondu sur la Grèce. On conclut donc la paix, à condition que les Athéniens abattront les Longs-Murs et les fortifications du Pirée, livreront tous leurs vaisseaux, à l'exception de douze, rappelleront les bannis, auront les mêmes amis et les mêmes ennemis que les Lacédémoniens, et les suivront sur terre et sur mer partout où ceux-ci le voudront... à Athènes on décrète d'accepter la paix...

Lysandre entra en ville. Il convoqua un grand nombre de joueurs de flûte, fit raser les murailles et brûler les trières au son de la flûte et aux applaudissements des alliés, qui assistaient à ce spectacle, la tête couronnée de fleurs, et fêtant ce jour comme l'aurore de leur liberté.

XÉNOPHON, *Helléniques*. (Trad. Talbot.)

SOCRATE

Socrate, né vers 469, était l'un des derniers représentants d'une génération d'hommes dont la jeunesse avait vu les victoires de Cimon qui terminèrent la guerre médique, dont l'âge viril eut le spectacle de la splendeur d'Athènes sous Périclès et de la première partie de la guerre du Péloponèse, et dont la vieillesse fut attristée par les désastres de cette guerre et par la tyrannie des Trente. Que d'événements dans la seconde partie du cinquième siècle et que d'hommes remarquables Socrate avait-il vus depuis le temps où il était admis à entendre discourir Aspasie, la femme de Périclès, jusqu'à l'époque où Athènes venait d'échapper à la servitude des Trente et de Sparte !

Dans le cours de cette longue vie, il n'avait cessé de donner l'exemple du courage (1), de la tempérance, de la

(1) Parmi les actes de courage de Socrate il faut rappeler sa vaillante conduite à Potidée, où il accompagna Alcibiade, et à Délion, où il sauva la vie de Xénophon. Membre du Sénat au moment du procès des généraux des arginuses, il s'opposa seul à leur mise en cause malgré les clameurs de la multitude, et plus tard il refusa d'obéir aux injonctions des Trente qui voulaient lui interdire la parole.

justice et de la piété envers la divinité dont la providence, disait-il, règle tout pour le plus grand bien.

Il ne faisait pas profession d'enseigner, comme les sophistes, pour de l'argent; mais il répandait des idées en conversant de tout avec des hommes de toute condition, qu'ils fussent riches ou pauvres, illustres ou obscurs...

... Les jeunes gens surtout l'intéressaient. Au lieu de se livrer à des considérations sur la nature du monde, comme les philosophes de l'école ionienne, Socrate ramenait ces esprits à l'étude de la morale, c'est-à-dire à l'art de se conduire selon les règles de la sagesse et de la justice.

... Socrate échappa pourtant pendant longtemps à une accusation formelle et son grand âge semblait l'en préserver; mais il se trouva des gens pour croire que sa condamnation pouvait être utile à la religion et à la démocratie. Il fut mis en jugement sur l'accusation de ne pas adorer les dieux que la cité adorait, d'introduire de nouvelles divinités et de corrompre la jeunesse. La peine était la mort et Socrate ne fit rien pour l'éviter. Cité devant l'une des dikasteries, il s'attira une condamnation par le ton de sa défense et il but la ciguë à l'âge de soixante-dix ans (399).

VAN DEN BERG, *petite hist. des Grecs.* (Hachette, édit.)

MORT D'ÉPAMINONDAS A MANTINÉE

Cependant les Lacédémoniens, s'apercevant qu'Epaminondas se livrait avec trop d'ardeur à leur poursuite, firent volte-face et se ruèrent tous sur lui. Aussitôt il fut accablé d'une grêle de flèches. Epaminondas, tantôt évitait ces projectiles, tantôt les parait avec son bouclier, et il en arrachait quelques-uns de son corps qu'il renvoyait à l'ennemi pour sa propre défense; enfin il se battait en héros et était près de remporter la victoire, lorsqu'il reçut un coup mortel dans la poitrine. La lance se brisa et le fer resta dans la plaie ; Epaminondas tomba épuisé. On se battit avec acharnement autour de son corps, et on essuya des pertes réciproques ; enfin, grâce à leur force physique, les Thébains parvinrent, quoique avec peine, à défaire les Lacédémoniens.

... Les trompettes sonnèrent donc la retraite, et la victoire paraissant douteuse, des deux côtés on éleva un trophée. En effet, les Athéniens, qui avaient vaincu les Eubéens et les mercenaires occupant les hauteurs, étaient en possession des morts ; et les Béotiens, qui avaient mis en déroute les Lacédémoniens, étaient de leur côté maîtres du champ de bataille et s'attribuaient la victoire.

... Cependant Epaminondas, encore en vie, avait été transporté dans le camp, et les médecins convoqués déclarèrent qu'il mourrait lorsqu'on aurait retiré le fer de la plaie. Il supporta la mort avec un courage héroïque. Il fit venir son écuyer et lui demanda si le bouclier était sauvé. L'écuyer répondit affirmativement. Puis après avoir fait placer le bouclier devant ses yeux, Epaminondas demanda de quel côté était la victoire. L'écuyer répondit que les Béotiens étaient vainqueurs. « Eh bien, répondit-il, je puis mourir maintenant ; » et il ordonna qu'on lui arrachât le fer. Ses amis qui l'environnaient éclatèrent en gémissements, et l'un d'eux s'écria en pleurant :

« Ah ! Epaminondas, faut-il que tu meures sans enfants ? — De par Jupiter, reprit Epaminondas, cela n'est pas ; car je laisse deux filles, la victoire de Leuctres et celle de Mantinée ! »

Le fer fut extrait, et Epaminondas expira tranquillement.

DIODORE DE SICILE (Traduction Hœfer).

LA PHALANGE MACÉDONIENNE.

« La première subdivision de la phalange est le *lochos*, file de 16 hopplites, dont le lochage est le chef. Les hosplites sont des fantassins d'élite ; ils ont un casque, une cuirasse, des cnémides ou jambières, et un grand bouclier, qui couvre le corps depuis le cou jusqu'aux pieds ; ils sont armés d'une épée et d'une longue pique, la *sarisse*.

» Quatre lochos forment la tétrarchie de 64 hommes (peloton), et quatre tétrarchies, le syntagme de 256 hommes (bataillon). Le chef de syntagme, le *xénage*, est assisté d'un adjudant, qui transmet ses ordres, d'un porte-enseigne qui les indique en élevant ou en abaissant son enseigne, d'un héraut, qui répète ses commandements et d'un trompette, qui donne les signaux.

» Le *stratège* (colonel) est le chef de quatre ou cinq syntagmes.

» La phalange simple contient 16 syntagmes d'hoplites. Ce sont ces 4,096 fantassins, pesamment armés, qui forment la première ligne.

» En arrière des hoplites, sur une ligne parallèle et d'égale longueur, sont rangés *2,048 peltastes*, par files de 8 hommes. Le peltaste est un fantassin léger. Son bouclier est plus petit ; au lieu de cuirasse, il porte une large ceinture de fer ou de cuivre ; il n'a pas de cnémides. Il est armé de l'épée et de la pique.

» Aux ailes de la phalange sont deux groupes de 40 cavaliers d'élite, les *cataphractes*. Ils ont pour armes offensives l'épée et la lance, quelquefois le javelot et la hache d'armes ; ils portent au bras gauche un petit bouclier rond, au bras droit et sur les cuisses des bandes de cuir recouvertes de plaques d'étain ; ils ont aux pieds des éperonnées.

» Devant le front des hoplites, sont répartis en tirailleurs *1,024 psilites*, frondeurs ou archers.

» La phalange simple est, en somme, une division de 9,258 hommes. C'est l'unité stratégique des Grecs. La *grande phalange* est la réunion de quatre phalanges simples (sans cavalerie). Placées deux par deux, sur la même ligne, elles forment deux *diphalangarchies*, séparées par un intervalle de 96 pieds. Les phalanges simples sont à 48 pieds l'une de l'autre, de sorte que l'infanterie d'une armée grecque, quand elle est au complet, occupe un front de 3,264 pieds (1,009 mètres) et une profondeur de 48 pieds (15 mètres). »

GÉNÉRAL HARDY DE PÉRINI.
(Les grandes Batailles.)

DÉBUTS DE DÉMOSTHÈNES

... Cependant, la première fois qu'il s'adresse au peuple, il échoue au milieu du bruit et se fait moquer pour l'étrangeté de son style, l'embarras de ses périodes, la fréquence insupportable de ses enthymèmes prodigués jusqu'à la satiété. On trouve aussi que sa voix faible, sa prononciation gênée, sa respiration courte, troublent le sens de ses paroles en coupant les périodes. Il finit donc par renoncer aux assemblées populaires, et il allait et venait sur le Pirée tout découragé...

Une autre fois, dit-on, comme il venait d'échouer encore, et qu'il se retirait chez lui la tête voilée et tout abattu, il est suivi par Satyrus, le comédien, son ami, qui entre avec lui dans sa maison. Démosthènes gémit sur son malheur : il est celui de tous les orateurs qui se donne le plus de mal : il y a presque épuisé les forces de son corps, et pourtant il n'est point agréable au peuple : des matelots crapuleux et ignorants sont écoutés et occupent la tribune, et lui, on le bafoue : « Tu dis vrai, Démosthènes, répond Satyrus, mais je t'aurai bientôt guéri radicalement, si tu veux me réciter par cœur quelques tirades d'Euripide ou de Sophocle. » Démosthènes le fait. Satyrus reprend après lui, et prononce si bien, articule chaque mot d'un ton si convenable au caractère et à la situation du personnage, que Démosthènes lui-même trouve les vers tout différents. Convaincu alors de ce que la déclamation donne au discours de beauté et de charme, il comprend que le travail de la composition est peu de chose ou n'est rien, si l'on néglige l'expression et le sentiment de ce que l'on dit. C'est alors qu'il se fait construire, pour s'exercer, une retraite souterraine, qui s'est conservée jusqu'à notre époque : il y descendait tous les jours façonner son débit et travailler sa voix ; il y passait même souvent jusqu'à deux et trois mois de suite, la moitié de la tête rasée, afin que, s'il avait envie d'en sortir, il y fût retenu par la honte.

... Quant à ses défauts corporels, voici comment il les guérit au dire de Démétrius de Phalère, qui dit l'avoir entendu de la bouche même de Démosthènes, déjà vieux. Il triompha de sa difficulté de prononciation et corrigea son bégayement, en s'emplissant la bouche de petits cailloux et en récitant en même temps des tirades. Il se fortifia la voix en s'exerçant à courir et à gravir des endroits escarpés tout en débitant des morceaux de prose ou des vers sans prendre haleine. Il avait chez lui un grand miroir dans lequel il se plaçait debout pour faire ses exercices.

PLUTARQUE.
Traduction Talbot (Édition Hachette.)

PASSAGE DU GRANIQUE

Les généraux de Darius, ayant rassemblé une armée considérable sur les bords du Granique, en disputent le passage à Alexandre. Il devenait donc nécessaire de combattre aux portes de l'Asie. La profondeur du fleuve, l'escarpement de la rive opposée qu'on ne pouvait franchir que les armes à la main, inspiraient à tous de vives craintes. Parménion, vu qu'il était déjà tard, n'était point d'avis de risquer le passage. Alexandre répond que ce serait déshonorer l'Hellespont qu'il a traversé, s'il n'osait traverser le Granique, s'élance dans le courant avec treize escadrons de cavalerie, pousse vers le bord opposé malgré les traits et l'aspérité de la rive couverte d'armes et de chevaux, lutte contre le flot qui l'entraîne et le couvre, et semble un fou furieux plutôt qu'un général sensé. Il s'acharne au passage, gagne enfin le bord humide et glissant et est obligé tout aussitôt de combattre pêle-mêle, homme contre homme, avec les ennemis qui l'assaillent, avant que les Macédoniens aient pu prendre leur rang au sortir du fleuve...

... Pendant ce combat de cavalerie si périlleux, si acharné, la phalange macédonienne passe le fleuve, et les deux infanteries se rencontrent. Celle des Perses ne tient pas vigoureusement, ni pendant longtemps; elle fuit en déroute, à l'exception des mercenaires grecs, qui s'étaient retirés sur une colline et qui demandaient qu'Alexandre leur donnât sa parole; mais Alexandre, emporté par la colère plus que par la raison, se jette le premier au milieu d'eux, et perd son cheval, qui est frappé d'un coup d'épée dans le flanc; c'était un autre que Bucéphale. Il n'y eut guère de morts et de blessés que dans cet endroit, parce que l'on avait eu affaire à des hommes désespérés et braves.

Il périt 20,000 hommes de pied du côté des barbares, et 2,500 cavaliers. Du côté d'Alexandre, il n'y eut que 34 morts, dont deux fantassins. Le roi leur fait ériger des statues d'airain, œuvre de Lysippe. Voulant associer les Grecs à sa victoire, il envoie particulièrement aux Athéniens 300 boucliers, et fait graver en commun sur le reste des dépouilles cette inscription fastueuse : « Alexandre, fils de Philippe, et les Grecs, sauf les Lacédémoniens, sur les barbares qui habitent l'Asie. » Quant à la vaisselle, à la pourpre et aux autres objets pris sur les Perses, il envoie tout, à peu de choses près, à sa mère. (334).

PLUTARQUE, trad. Talbot (Hachette éditeur).

LE PEINTRE APELLE

On sait ce qui se passa entre Protogène et lui. Celui-ci vivait à Rhodes. Apelle fit la traversée, avide de connaître les ouvrages d'un homme qu'il ne connaissait que de réputation. Aussitôt il se rendit à l'atelier. Le maître était absent; mais un grand tableau était placé sur un chevalet, prêt à recevoir la couleur. Une vieille femme le gardait. Elle répondit que Protogène était sorti et demanda le nom du visiteur. « Le voici, » dit Apelle: et, saisissant un pinceau, il traça avec de la couleur sur le champ du tableau une ligne d'une extrême finesse. Protogène de retour, la vieille lui raconta ce qui s'était passé.

L'artiste, dit-on, considéra cette délicatesse de trait et sans hésiter déclara : « C'est Apelle qui est venu : nul autre n'est capable d'une telle perfection. » Puis, à son tour, avec une autre couleur il traça dans cette même ligne une autre plus fine, et recommanda en sortant de la montrer à l'étranger, s'il revenait, et d'ajouter : « Voilà celui que vous cherchez. » C'est ce qui arriva. Apelle repassa, et rougissant de la défaite refendit les deux lignes avec une troisième couleur, ne laissant plus de place au trait le plus subtil.

Apelle avait une habitude à laquelle il ne manquait jamais : il n'y avait journée si occupée, qu'il ne s'exerçât à son art en traçant quelque trait. C'est lui qui fit passer ce mot en proverbe... Un jour un cordonnier le reprit pour avoir mis à la chaussure une anse de moins en dedans. Le lendemain, tout fier de la correction due à sa remarque, il se mit à critiquer la jambe. Apelle, indigné, se montra, déclarant qu'un cordonnier n'avait rien à voir au-dessus de la chaussure. Autre proverbe... Il fit un cheval pour un concours, où il en appela du jugement des hommes à celui des bêtes. Voyant ses rivaux l'emporter grâce à une cabale, il fit amener des chevanx devant chaque tableau : seul, le cheval d'Apelle les fit hennir.

PLINE, XXXV, *passim*.

LA BIBLIOTHÈQUE D'ALEXANDRIE

Les membres du Musée avaient pour leurs études des ressources inépuisables dans la riche bibliothèque qui en faisait partie. Quand elle se fut considérablement accrue, une seconde moins importante fut établie dans le Sérapeum. On y mettait les livres les moins nécessaires et ceux qui faisaient double emploi. La petite bibliothèque du Sérapeum était surnommée la fille de la grande. Celle-ci comprenait non seulement les nombreuses salles où l'on déposait les volumes, mais encore des ateliers pour la préparation du papyrus et pour la copie des manuscrits.

Démétrius de Phalère, qui créa la bibliothèque à la prière de Ptolémée Soter, se vantait d'avoir réuni en cinq ans deux cent mille volumes, en comptant sans doute les doubles. A ce premier fonds vint s'ajouter la bibliothèque d'Aristote, que Philadelphe acheta aux héritiers du philosophe. Cette bibliothèque était considérable, à en juger par la célébrité, par le caractère et la situation de celui qui l'avait composée. La science d'Aristote suppose une immense lecture, et il est permis de croire que son royal élève, Alexandre, avait mis à sa disposition tous les livres nécessaires. Pendant son règne qui fut long et prospère, Ptolémée Philadelphe ne cessa d'acheter des livres de divers côtés, principalement à Rhodes et à Athènes. A la fin de sa vie, le nombre des livres avait doublé. Sous

Jules César (47 ans av. J.-C.), il y avait soit au musée, soit au sérapeum, sept cent mille volumes.

Parmi les volumes qui composaient essentiellement la bibliothèque au temps de Ptolémée Philadelphe, se trouvaient sans doute la multitude des poèmes épiques, toute la série des œuvres dramatiques, tragédies, drames satiriques, comédies, ces dernières de beaucoup les plus nombreuses. — Athénée lut huit cents pièces appartenant à la seule comédie moyenne, — enfin, toutes les poésies lyriques de formes variées, doriennes ou ioniennes, si fréquentes avant le cinquième siècle. Les œuvres en prose n'étaient pas moins considérables. Les grands historiens comme Hérodote, Thucydide, Xénophon, et d'autres plus récents, chroniqueurs prolixes plutôt qu'historiens, Ctésias, Ephore, Théopompe, tenaient dans la bibliothèque une large place.

COUAT. (*La Poésie Alexandrine.*)

LE MUSÉE

Depuis longtemps déjà, c'était une pieuse et poétique coutume de mettre sous l'invocation et le patronage des Muses les concours et les solennités littéraires. On avait élevé au pied de l'Hélicon un temple consacré aux Muses, en leur honneur on célébrait des jeux et des danses. Le lieu où se réunissait l'école pythagoricienne s'appelait un *musée*. Un poète comique disait d'Athènes qu'elle était le *musée* de la Grèce. Ainsi le nom de musée désignait communément les lieux chers aux Muses, où les arts et les lettres étaient en faveur. Bientôt même il prit une signification plus particulière. Quand la Grèce fut opprimée par les successeurs d'Alexandre..., les esprits délicats éprouvèrent le besoin d'échapper aux humiliations de la vie publique en se réfugiant dans des retraites où ne pénétraient pas les bruits du dehors...

Les bâtiments (du Musée d'Alexandrie) étaient entourés de cours et de promenades plantées d'arbres. Le portique qui régnait le long de la façade et sur les deux côtés aboutissait à une *exèdre* ou salle ouverte, garnie de sièges. C'est dans cette salle que les membres du Musée s'assemblaient pour leur travail et pour leurs affaires importantes. Elle servait de salle d'étude et de salle des actes. Derrière l'exèdre s'élevait la salle à manger. La partie centrale du plafond était exhaussée au-dessus des côtés de la hauteur d'un étage; elle était couronnée par un dôme que soutenaient des colonnes. En dehors de ce bâtiment principal, il y avait des dépendances considérables, la bibliothèque, ... des parcs où Philadelphe faisait venir des animaux de toute espèce, un jardin d'acclimatation pour les plantes rares, enfin tout ce qui pouvait soutenir et encourager l'activité des savants.

...La direction du Musée était confiée à un grand-prêtre. Ce personnage était un administrateur plutôt qu'un savant. Les sociétaires, au nombre d'une centaine peut-être, touchaient un traitement donné par le roi. Le Musée avait d'ailleurs une caisse particulière, formée sans doute par des dons volontaires et par les profits de l'enseignement. Payés par le roi, les pensionnaires du Musée dépendaient absolument de sa faveur. Il pouvait, à son gré, les appeler auprès de lui ou se passer d'eux. Une grande pensée avait créé le Musée, un caprice pouvait le dissoudre. Il dura cependant près de dix siècles et ce ne fut pas un prince qui le renversa. Il disparut dans une guerre civile, sous l'empereur Aurélien.

COUAT.

La Poésie Alexandrine.

RUINE DU PATRIOTISME EN GRÈCE

Les pauvres accusaient les lois de leur misère, les riches des confiscations qui les frappaient. Les deux moitiés des habitants étaient tour à tour persécutées et persécutrices, et un citoyen était un ennemi dont on convoitait la richesse ou dont on craignait l'insurrection. L'exil, dont les républiques grecques se faisaient un jeu, apprit d'abord aux hommes à se passer de la patrie, plus tard à la combattre. Les proscriptions, les guerres civiles, la rentrée dans la ville à main armée, habituèrent peu à peu les hommes à considérer la cité comme une ennemie. On alla plus loin : de la haine qui n'était d'abord que passagère, on passa à une indifférence habituelle. Chacun n'aima plus sa patrie qu'autant que sa faction y régna, ou plutôt, la patrie fut oubliée, et toutes les pensées, tous les vœux, toutes les forces furent pour la faction. Les âmes perdirent peu à peu le sentiment des devoirs envers la patrie. On oublia qu'on devait respecter ses lois et ses jugements, et l'insurrection parut être un droit légitime.

FUSTEL DE COULANGES.
Questions historiques (Hachette).

TABLE DES MATIÈRES

PREMIÈRE PARTIE. — **Enfance de la Grèce.**

1re leçon. Géographie, divisions, temps primitifs 13
2e — Les temps héroïques 17
3e — L'invasion dorienne, la colonisation, la civilisation. 26

DEUXIÈME PARTIE. — **Jeunesse de la Grèce.**

4e leçon. Sparte et sa Constitution. Lycurgue 38
5e — Athènes et sa Constitution. Solon 43

TROISIÈME PARTIE. — **Virilité de la Grèce.**

6e leçon. Les guerres médiques 51
7e — Les hommes de la Grèce. 56
8e — Suprématie d'Athènes 61
9e — Le siècle de Périclès. Le mouvement intellectuel 65
10e — Le siècle de Périclès. Le mouvement artistique (notions) 69
11e — Le siècle de Périclès. Le mouvement artistique (les œuvres). 75
12e — Le siècle de Périclès. Le mouvement social. . 81
13e — La Guerre de Péloponèse. 88

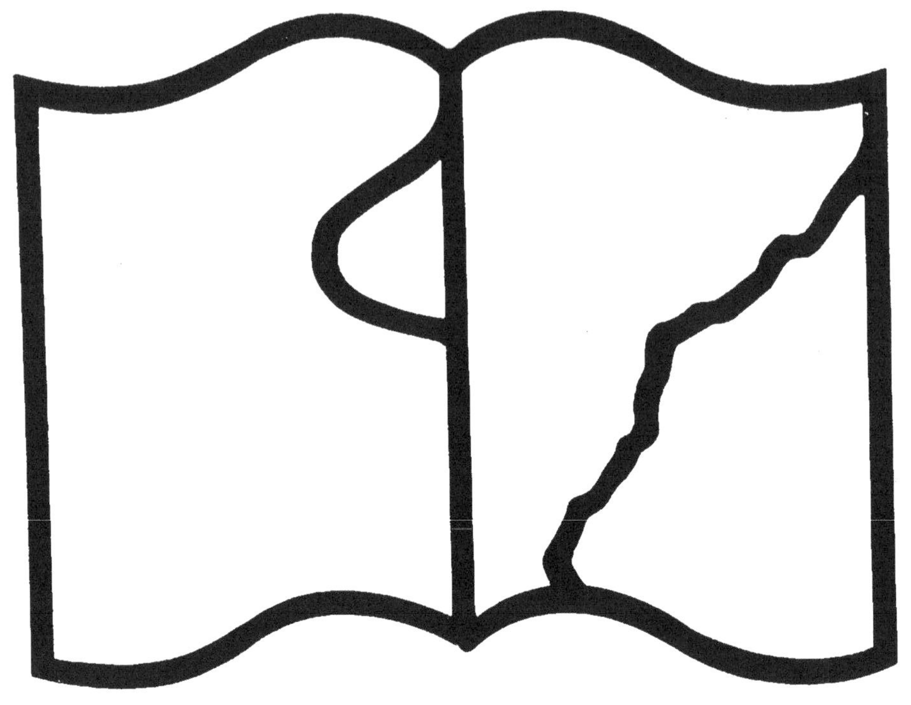

Texte détérioré — reliure défectueuse

NF Z 43-120-11

14e leçon. Suprématie de Sparte . . . .
15e — Suprématie de Thèbes 95
16e — Suprématie de la Macédoine. Philippe. . . . 102
17e — Philippe et Démosthènes 106

QUATRIÈME PARTIE. — **Vieillesse de la Grèce.**

18e leçon. Alexandre. Sa vie . . . . 11[illegible]
19e — Alexandre. Son œuvre. . . . . 11[illegible]
20e — Démembrement de l'Empire. Alexandre. . . . 1[illegible]
21e — Dernières luttes de la Grèce . . . . 1[illegible]

Résumé chronologique 129
Tableau des quatre républiques grecques . . . . 1[illegible]

ÉMILE COLIN — IMPRIMERIE DE LAGNY

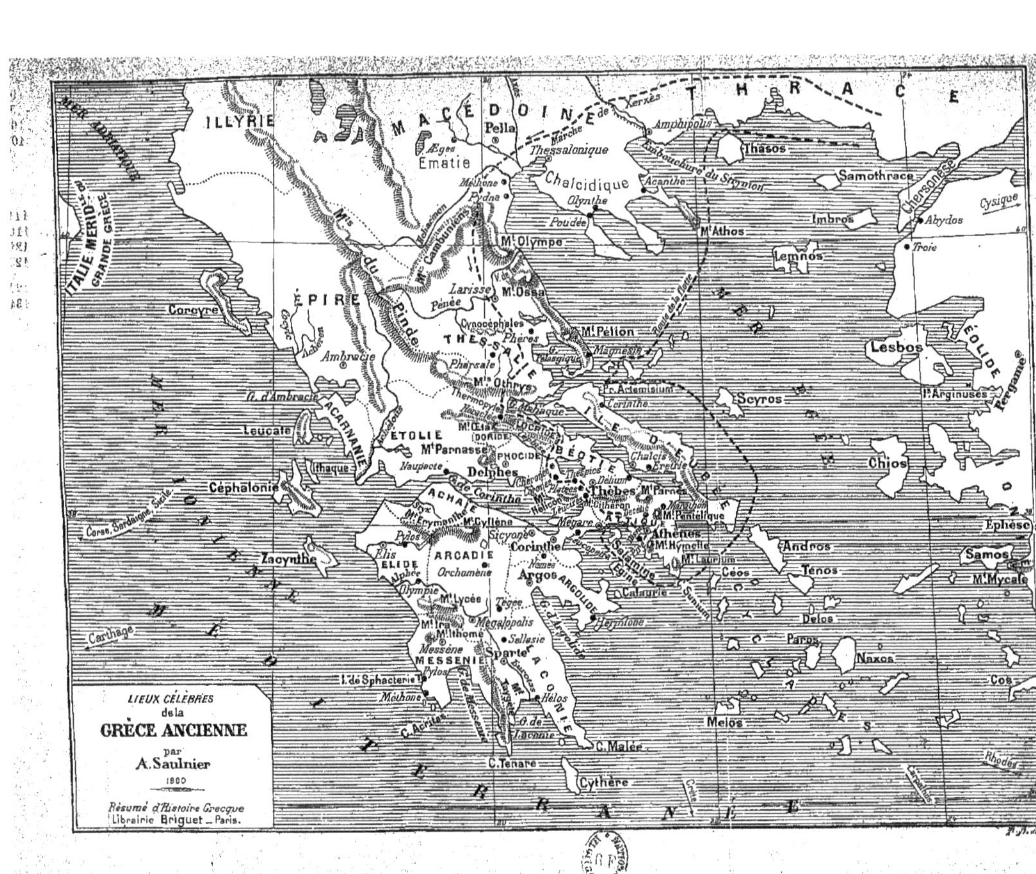
LIEUX CÉLÈBRES
de la
GRÈCE ANCIENNE
par
A. Saulnier
1900
Résumé d'Histoire Grecque
Librairie Briguet _ Paris.
ILLYRIE
MACÉDOINE
THRACE
Pella
Ematie
Thessalonique
Amphipolis
Thasos
Samothrace
Chersonèse
Chalcidique
Olynthe
Mt Athos
Mt Olympe
Imbros
Lemnos
ÉPIRE
Corcyre
Ambracie
Larisse
Mt Ossa
Mt Pélion
THESSALIE
Pharsale
Mt Othrys
Thermopyles
Lesbos
ÉOLIDE
Pergame
Scyros
Chios
ACARNANIE
ÉTOLIE
Leucate
Ithaque
Céphalonie
Mt Parnasse
PHOCIDE
Delphes
BÉOTIE
Thèbes
Chalcis
Érétrie
ATTIQUE
Athènes
Marathon
Mégare
Salamine
Égine
Corinthe
Sicyone
ACHAÏE
ARCADIE
ÉLIDE
Olympie
Zacynthe
Argos
ARGOLIDE
MESSÉNIE
Messène
Sparte
LACONIE
Mégalopolis
Pylos
C. Malée
C. Ténare
Cythère
Andros
Ténos
Céos
Délos
Paros
Naxos
Mélos
Samos
Éphèse
Cos
Rhodes
Carthage
Crète
MER ADRIATIQUE
MER IONIENNE
MER ÉGÉE
MÉDITERRANÉE

www.ingramcontent.com/pod-product-compliance
Ingram Content Group UK Ltd.
Pitfield, Milton Keynes, MK11 3LW, UK
UKHW020251250726
13967UKWH00004B/1617

9 782012 936386